응답받는 기도의 비결

The Secret of Believing Prayer

응답받는 기도의 비결

지은이 앤드류 머레이
옮긴이 문효미

펴낸날 초   판 1쇄 발행 1993년 7월 13일
　　　　개정판 1쇄 발행 2007년 9월 15일
　　　　개정판 5쇄 발행 2016년 10월 26일

펴낸이 정형철
펴낸곳 (주)아가페출판사
등록 제21-754호(1995년 4월 12일)
주소 (06698) 서울시 서초구 효령로8길 5 (방배동)
전화 584-4835(본사), 522-5148(편집부)
팩스 586-3078(본사), 586-3088(편집부)
홈페이지 www.iagape.co.kr
판권 ⓒ (주)아가페출판사 2007
ISBN 978-89-537-8023-1

잘못 만들어진 책은 교환해 드립니다. 무단 표절 또는 복제를 금합니다.

아가페 출판사

앤드류 머레이 영성 시리즈 2

응답받는 기도의 비결
The Secret of Believing Prayer

앤드류 머레이 지음 | 문효미 옮김

[주]아가페

*별도의 표기가 없는 모든 성경 구절은 개역 개정 성경을 인용한 것입니다.

C.O.N.T.E.N.T.S

1. 믿음 있는 기도의 비결   7

2. 불신을 치료하는 방법   19

3. 기도와 사랑   29

4. 합심기도의 힘   39

5. 인내하는 기도의 힘   49

6. 힘 있는 간구   59

7. 성령과 기도   69

8. 중재자 그리스도   79

The Secret of Believing Prayer

1. 믿음 있는 기도의 비결

"예수께서 그들에게 대답하여 이르시되 하나님을 믿으라 내가 진실로 너희에게 이르노니 누구든지 이 산더러 들리어 바다에 던져지라 하며 그 말하는 것이 이루어질 줄 믿고 마음에 의심하지 아니하면 그대로 되리라 그러므로 내가 너희에게 말하노니 무엇이든지 기도하고 구하는 것은 받은 줄로 믿으라 그리하면 너희에게 그대로 되리라"(막 11:22-24).

성경 전체에서 볼 때 기도 응답에 대한 약속은 매우 놀라운 일 중 하나입니다. 사람들은 '어떻게 하면 구한 것은 모두 받은 줄로 여기는 믿음을 가질 수 있을까?' 하는 의문을 늘 품어왔습니다.

우리 주님이 바로 이 질문에 답해 주셨습니다. 제자들에게 놀라운 약속을 하시면서 예수님은 기도 응답에 대한 믿음이 어디서 생겨나며, 어떻게 그러한 믿음이 능력을 발휘하는지를 말씀하셨습니다. 우리는 "하나님을 믿으라"는 말씀이 "구하는 것은 받은 줄로 믿으라"는 말씀보다 먼저 나온다는 사실에 주목해야 합니다.

어떤 약속을 믿고 안 믿고는 그 약속을 한 사람을 얼마나 믿느냐에 달려 있습니다. 누군가를 신뢰하면 그 사람이 하는 말도 믿게 됩니다. 우리가 하나님을 사랑하여 그분과 친밀하게 교제하고 늘 함께하면 하나님이 우리에게 가장 중요한 분이 됩니다. 그리고 하나님의 거룩하신 임재와 함께 나타나는 강력한 힘을 우리의 몸과 마음을 열고 끊임없이 받아들이면 무엇을 구하든지 하나님이 주신다는 믿음이 자라게 됩니다.

하나님을 믿는 것과 하나님의 약속을 믿는 것의 상관관계는 참된 믿음이 어떤 것인지를 생각해 보면 분명해집니다. 이러한 관계는 보통 주는 것을 받아쓰는 손과 발에 비유되곤 합니다. 그러나 믿음은 약속의 말씀을 듣는 귀와 주는 것을 보는 눈으로도 이해되어야 합니다. 약속을 받아들이는 힘은 여기에 달려 있습니다.

우리는 약속하는 사람의 말을 들어 보아야 합니다. 약속하는 사람의 어조에서 신뢰감을 느낄 수 있기 때문입니다. 그리고 약속하는 사람을 쳐다보아야 합니다. 그 사람의 단호한 눈빛과 얼굴 표정을 보게 되면 모든 염려와 두려움이 사라지기 때문입니다. 가치 있는 약속인지 아닌지는 약속한 사람이 어떤 사람이냐에 따라 달라집니다. 그리고 약속에 대한 믿음은 약속한 사람을 어떤 사람으로 알고 있느냐에 따라 달라집니다.

이러한 까닭에 예수님은 기도 응답에 대한 놀라운 약속을 하시면서 먼저 "하나님을 믿으라"고 말씀하셨습니다. 다시 말해, 눈을 들어 살아 계신 하나님을 주목하면서 보이지 않는 분을 바라보라는 것입니다. 우리는 믿음의 눈을 들어 앞에 계신 분의 권세에 우리 자신을 순복시켜야 합니다. 그리고 그분의 권세의 능력으로 인해 우리의 마음이 감화를 입어야 합니다.

따라서 하나님을 믿는다는 것은 하나님이 어떤 분이신지를 그저 바라보고 하나님이 모습을 드러내시도록 잠잠히 기다리는 것입니다. 그와 동시에 하나님이 어떤 분이신지를 알기 위해 자신의 시간과 몸과 마음을 드리는 것입니다. 우리 영혼이 하나님을 향해 활짝 열려 있어야만 그분의 사랑을 받아들이고 기도 응답을 받으며 기뻐하는 삶을 살 수 있습니다.

그렇습니다. 믿음이란 하나님이 어떤 분이신지 또 무슨 일을 하시는지를 직접 보여 주는 눈입니다. 믿음을 통해 하나님의 임재하시는 빛과 힘 있는 능력의 역사가 우리 영혼에 밀려듭니다. 우리에게 보이는 것이 우리 속에 살듯이 하나님도 믿음으로 우리 안에 사시는 것입니다.

또한 믿음은 하나님의 목소리를 듣고 하나님과 의사소통하는 귀입니다. 아버지 하나님은 성령님을 통해 우리에게 말씀하십니다. 아들 예수님은 말씀, 곧 하나님 말씀의 본체입니다. 성령의 소리가 예수님에게 말할 것과 행할 것을 가르쳤듯이 하나님의 자녀들에게도 하늘의 은밀한 가르침이 필요합니다. 하나님께 열린 귀는 하나님의 말씀을 듣습니다. 그러한 귀는 하나님의 말씀을 들으려고 믿음으로 기다리는 마음입니다.

하나님의 입에서 나오는 말씀은 영이고 진리이며 생명이고 힘입니다. 그 말씀은 생각으로만 그칠 것을 행동하게 하고 경험하게 합니다. 우리의 영혼은 이러한 열린 귀를 통해 하나님의 생명을 느끼고 능력을 경험합니다. 우리가 들은 말씀이 우리 마음속에 들어와 마음을 움직이듯이 하나님은 믿음을 통해 우리 마음속에 들어와 거하며 역사하십니다.

믿음이 하나님의 음성을 듣고 그분을 보는 영적 기관으로서의 귀와 눈의 기능을 충분히 발휘한다면, 하나님과 그분의 축복을 받아들이는 손과 입으로서의 기능도 충분히 발휘할 수 있습니다. 받아들이는 능력은 오직 영적으로 깨닫는 힘에 달려 있습니다. 그래서 예수님이 "하나님을 믿으라"고 말씀하신 것입니다.

믿음은 단순한 순복입니다. 말씀이 깨닫게 하시는 것에 자신을 순복시키는 것입니다. 살아 계신 하나님께 믿음으로 자신을 순복시키는 것입니다. 그럴 때 우리 마음에 하나님의 영광과 사랑이 가득 채워지고 하나님이 우리 삶을 다스리게 됩니다.

믿음은 사귐입니다. 우리에게 약속하는 사람의 의견에 자신을 순복시키며 그 사람과 관계를 맺는 사귐이 믿음입니다. 우리가 하나님을 바라보며 믿음을 가지고 그분과 사귀게 되면, 기도에 대한 하나님의 약속을 자연스럽게 믿게 됩니다. 약속에 대한 믿음은 약속하는 사람을 믿을 때 생겨납니다. 우리가 믿음 있는 삶을 살 때 믿음 있는 기도를 하게 될 것입니다.

이런 점에서, 응답받는 기도를 하는 믿음은 사실상 하나님이 주시는 선물입니다. 그러한 믿음은 하나님이 그냥 부어 주시는 것이 아니라 하나님과 사귀는 삶 가운데 생겨나는 축복이며 영적 습관인 것입니다. 아버지 하나님을 잘 알고 하나님과 지속적으로 가까이 사귀며 사는 사람은, 하나님과 연합하여 사는 자녀의 뜻을 반드시 이루겠다고 하신 하나님의 약속을 쉽게 믿을 수 있습니다.

하나님의 자녀이면서도 믿음 있는 삶과 믿음 있는 기도의 관계를 모르기 때문에 기도의 능력을 충분히 경험하지 못하는 사람들이 많습니다. 하나님께 응답받기를 간절히 원할 때 사람들은 하나님의 약속에 온 마음을 쏟고 그 약속을 믿음으로 붙잡으려고 무척 애를 씁니다. 그러다 응답을 받지 못하면 쉽게 희망을 포기해 버립니다. 하나님이 하신 약속은 사실이지만 그 약속은 그저 믿기만 해서는 붙잡을 수 없습니다. 우리는 살아 계신 "하나님을 믿으라"고 가르치시는 예수님의 가르침에 귀를 기울여야 합니다. 약속하신 말씀 그 자체보다는 믿음으로 하나님을 바라보십시오. 하나님의 사랑과 능력과 살아 계심이 우리의 믿음을 깨워 능력을 발휘하게 할 것입니다.

손과 팔의 힘을 키우는 방법을 묻는 사람에게 의사는 골격이 갖추어지고 튼튼해지면 힘이 세진다고 말할 것입니다. 마찬가지로 연약한 믿음을 치료하는 방법은 하나님과 대화를 하면서 전반적인 영적 생활을 활성화하는 것입니다. 믿음으로 하나님을 굳게 붙잡으십시오. 그리고 하나님께 당신의 삶을 내어 드리는 법을 배우십시오. 그러면 하나님의 약속을 받아들이기가 쉬워질 것입니다. 하나님이 누구신지를 알고 믿는 사람은 하나님의 약속을 쉽게 믿을 수 있다는 사실을 발견하게 될 것입니다.

옛 성도들이 이러한 사실을 얼마나 정확히 알고 있었는지 보십시오. 하나님이 특별한 방법으로 자신을 드러내실 때마다 성도들은 특별한 믿음의 능력을 발휘했습니다. 아브라함의 경우를 보십시오. "이 후에 여호와의 말씀이 환상 중에 아브람에게 임하여 이르시되 아브람아 두려워하지 말라 나는 네 방패요 너의 지극히 큰 상급이니라 … 아브람이 여호와를 믿으니"(창 15:1, 6).

　창세기 17장을 보면 "여호와께서 아브람에게 나타나서 그에게 이르시되 나는 전능한 하나님이라 … 아브람이 엎드렸더니 하나님이 또 그에게 말씀하여 이르시되 보라 내 언약이 너와 함께 있으니"(3-4절)라고 기록되어 있습니다. 아브라함이 하나님의 약속을 믿음으로 성장시킬 수 있었던 것은 바로 하나님이 자신을 드러내 보이셨기 때문입니다.

　아브라함은 하나님이 누구신지 잘 알았기 때문에 하나님의 약속을 믿을 수 있었습니다. 하나님이 어떤 분이신지를 알아야 하나님의 약속도 믿을 수 있습니다. 우리가 하나님이 약속하신 것을 받으려면 하나님 앞에서 행하며 그분의 말씀에 귀를 기울여야 합니다. 우리가 성경을 통해 하나님의 약속을 알고 그 약속을 모두 취할 자유가 있다 하더라도, 하나님이 직접 우리에게 그 약속을 말씀하지 않으시면 우리의 영적인 힘이 부족한 것입니다. 하나님은 그분과 동행하는 사람들에게 말씀하시는 분입니다.

　그러므로 하나님을 믿으십시오. 믿음의 눈과 귀를 가지십시오. 하나님이 우리 영혼에 감동을 주시고 그분의 모습을 온전히 드러내시도록 하나님께 순복하십시오. 기쁘시고 선하신 뜻 안에서 우리에게 모든 것을 채워 주려고 기다리시는 하나님을 믿는 믿음이 기도의 큰 축복 가운데 하나입니다. 하나님을 사랑의 하나님으로 바라보십시오. 하나님은 우리를 축복하시며 그분 자신을 우리에게 나누어 주기 원하십니다. 그러한 모습으로 하나님을 예배하면 "무엇이든지 기도하고 구하는 것은 받은 줄로 믿으라"(막 11:24)는 약속을 믿는 힘이 빨리 생길 것입니다. 믿음으로 하나님을 받아들이면 하나님이 약속하신 것도 우리의 것이 됩니다.

우리는 하나님의 선물을 받기 원합니다. 그러나 하나님은 먼저 그분 자신을 우리에게 주고 싶어하십니다. 우리는 하늘로부터 좋은 선물을 받아내는 방법으로 기도를 생각하고, 우리를 하나님 앞으로 나아가게 하는 수단으로 예수님을 생각합니다. 우리는 그저 문 앞에 서서 울고 있을 뿐입니다. 그러면 예수님은 우리를 데리고 들어가서 우리가 예수님의 친구이자 자녀임을 깨닫게 하십니다.

기도에 대한 당신의 믿음이 하찮다는 것을 경험할 때마다 먼저 살아 계신 하나님을 믿으십시오. 그리고 그 믿음을 더욱 발휘하여 자신을 하나님께 순복시키십시오. 우리 마음이 하나님으로 가득 차면 믿음으로 기도하는 힘이 생깁니다. 그리고 하나님을 믿으면 기도 응답에 대한 하나님의 약속도 믿게 됩니다.

따라서 하나님의 자녀는 시간을 내어 하나님 앞에 엎드려야 합니다. 그리고 하나님이 모습을 드러내실 때까지 잠잠히 기다려야 합니다. 거룩한 경외감과 예배하는 마음으로 무한한 능력을 지니신 그분을 믿으십시오. 하나님이 자신을 우리에게 나누어 주시고 우리 마음이 하나님으로 가득 차면, 마침내 믿음 있는 기도를 하게 될 것입니다.

주여, 우리에게 기도를 가르치소서

하나님, 저는 진실로 하나님을 믿습니다. 하나님은 무한한 사랑과 능력을 베푸시는 성부 하나님이십니다. 또 성자 하나님을 통해 구속하신 우리의 생명이 되십니다. 그리고 우리를 위로하시고 이끄시며 힘을 주시는 성령 하나님이십니다. 그런 삼위일체 하나님을 믿습니다. 제게 주님 되심과 약속하신 것을 모두 이루어 주실 줄 확신합니다.

주님, 더 큰 믿음을 갖기 원합니다. 저를 향한 하나님의 뜻을 모두 받아들일 때까지 주님의 거룩하신 임재 가운데 인내하며 믿음으로 기다리도록 저를 이끌어 주십시오. 주님은 제 삶의 근원이시며, 전능하신 능력으로 세상과 제 안에서 하나님의 뜻을 이루려고 역사하시는 분임을 늘 기억하게 도와 주소서. 하나님은 제 모든 필요를 채우시고 또 그것이 이루어지기를 바라시는 분임을 깨닫게 하소서. 제 마음과 생명을 주장하시며, 하나님만을 섬기는 믿음을 주소서. 주님, 저를 도와주시기를 간절히 기도합니다. 온 마음으로 하나님을 믿습니다. 순간순간마다 하나님에 대한 믿음으로 저를 채워 주소서.

The Secret of Believing *Prayer*

　하나님, 어떻게 해야 주님의 교회가 주님을 영화롭게 할 수 있는지요. 우리가 삶 속에서 온전히 하나님을 믿지 못한다면 어떻게 중보자의 역할을 감당하며 주님의 나라가 임하게 하겠습니까? 사랑의 주님, 우리 영혼 깊은 곳에 "하나님을 믿으라"고 말씀해 주십시오. 예수님의 이름으로 기도합니다. 아멘.

2. 불신을 치료하는 방법

"이때에 제자들이 조용히 예수께 나아와 이르되
우리는 어찌하여 쫓아내지 못하였나이까 이르시되 너희 믿음이 작은 까닭이니라
진실로 너희에게 이르노니 만일 너희에게 믿음이 겨자씨 한 알 만큼만 있어도
이 산을 명하여 여기서 저기로 옮겨지라 하면 옮겨질 것이요
또 너희가 못할 것이 없으리라"(마 17:19-21).

예수님이 간질병 환자에게서 귀신을 쫓아내시는 것을 본 제자들은 자신들이 왜 그 귀신을 쫓아내지 못했는지를 여쭈었습니다. 이 일이 생기기 전에, 제자들은 이미 마귀와 모든 질병을 물리칠 수 있는 권세를 예수님께 받아서 자주 그 능력을 발휘했었습니다. 그러나 예수님이 산에 올라가 계시는 동안 제자들은 귀신을 쫓아내는 일에 완전히 실패하고 말았습니다.

　　　하나님의 뜻과 반대되는 것도 아니고, 귀신을 쫓아낼 수 없는 특별한 상황도 아니었습니다. 예수님이 명령하시자 귀신은 떠나갔습니다. 제자들이 "우리는 어찌하여 쫓아내지 못하였나이까"라고 예수님께 여쭙는 것을 보면 그들도 귀신을 쫓아내기를 바랐던 것이 틀림없습니다. 아마 제자들은 귀신을 향해 예수 그리스도의 이름으로 나가라고 명령했을 것입니다. 하지만 제자들은 실패했습니다.

　　　예수님의 대답은 간단명료했습니다. "너희 믿음이 작은 까닭이니라." 제자들이 귀신을 쫓아내지 못한 것은 그들이 특별한 능력을 발휘할 수 없었기 때문이 아니었습니다. 예수님은 제자들에게 능력은 오직 믿음에 달려 있다고 가르치곤 하셨습니다. 어둠이 다스리는 나라에서도 하나님 나라에서처럼 믿음의 능력 앞에 모든 것이 복종할 수밖에 없으므로, 이 세상에서 이기지 못하는 까닭은 오직 믿음이 작은 탓이라고 가르치신 것입니다.

　　　참믿음이 있을 때만 하나님의 능력이 온전히 사람에게 나타납니다. 믿음은 보이지 않는 것에 민감해 하고 하나님의 뜻에 굴복하는 것입니다. 자신의 뜻을 버리고 하나님의 뜻을 세워나가는 것입니다. 제자들에게는 귀신을 쫓아내는 능력이 없습니다. 오직 믿음으로만 발휘할 수 있는 그 능력은 예수님께 있습니다. 제자들이 그리스도를 주님으로 믿고 그분의 이름에 귀신을 쫓는 권세가 있음을 온전히 믿었더라면 귀신을 이길 수 있었을 것입니다. "너희 믿음이 작은 까닭이니라"는 이 말씀은 힘없고 실패하는 그리스도의 교회에 대한 주님의 꾸짖음입니다.

그처럼 믿음이 부족한 데는 이유가 있습니다. 제자들이 "우리는 어찌하여 능히 그 귀신을 쫓아내지 못하였나이까"(막 9:28)라고 물었을 때 주님은 이렇게 말씀하셨습니다. "기도(와 금식) 외에 다른 것으로는 이런 종류가 나갈 수 없느니라"(29절). 믿음은 절대적인 것입니다. 또 영적인 삶을 살기 위한 최고의 훈련이며, 자기 영혼을 복종시켜 하나님의 영을 온전히 받아들임으로써 능력을 얻어 최상의 행동을 하게 하는 것입니다. 이러한 믿음은 영적 생활이 어떤지에 따라 달라집니다. 영적 생활이 바르고 건전할 때, 성령님이 다스리시는 삶을 살 때 능력을 행하는 믿음의 힘이 나타납니다. 그래서 예수님이 "기도(와 금식) 외에 다른 것으로는 이런 종류가 나갈 수 없느니라"는 말씀을 덧붙이신 것입니다.

예수님은 마귀의 강한 저항을 이길 만한 믿음을 소유하려면 하나님과 깊게 사귀며 기도와 금식이라는 특별한 방법으로 세상과 구별된 삶을 살아야 한다고 말씀하십니다. 여기서 예수님은 기도에 관한 두 가지 가르침을 주십니다. 하나는 믿음이 자라고 계속해서 강건해지려면 기도생활이 필요하다는 것이고, 또 다른 하나는 그러한 기도가 온전해지려면 금식이 필요하다는 것입니다.

믿음이 자라려면 기도생활을 해야 합니다. 영적인 생활에는 여러 다양한 면들이 있지만, 원인이 되기도 하고 결과가 되기도 하는 끊임없는 작용과 반작용 같은 결합이 있습니다. 믿음도 마찬가지입니다. 믿음이 없는 참된 기도란 있을 수 없습니다. 어느 정도는 믿음이 기도보다 앞서야 합니다. 그러면서도 기도는 믿음을 강하게 만들어 줍니다. 기도를 많이 하는 것보다 믿음을 성장시키는 것은 없습니다.

믿음은 크게 자라야 합니다. 데살로니가 교회는 "너희 믿음이 놀랍도록 자란다"는 말을 들었습니다. 예수님이 "너희 믿음대로 되라"고 말씀하신 것은 하나님 나라의 법을 알리신 것입니다. 하나님 나라의 법은 같은 분량의 믿음을 가지고 있는 사람은 아무도 없으며, 믿음의 정도가 능력과 축복의 정도를 결정한다는 것을 말해 줍니다.

믿음이 어디서 생겨나고 어떻게 자라는지를 알고 싶어하는 우리에게 주님은 하나님의 보좌를 일러 주십니다. 살아 계신 하나님과 기도로 교제할 때 비로소 믿음은 자라게 됩니다. 믿음은 거룩하신 분, 곧 하나님을 의지할 때 생겨나는 것입니다.

하나님을 즐거이 예배하며 하나님께 자신을 순복시킬 때 하나님을 믿는 힘이 자라게 됩니다. 성경 말씀을 가지고 하나님께 나아가 그분의 목소리로 직접 말씀해 달라고 구할 때, 하나님이 우리에게 말씀하신 것으로 그것을 온전히 받아들이게 됩니다. 하나님과 기도로 교제할 때 믿음은 우리 안에서 굳건해집니다.

'열심히 기도하라' 는 말의 뜻을 깨닫지 못하는 그리스도인들이 많습니다. 그들은 하나님과 오랜 시간을 함께 보낸다는 것을 생각하지 못하며 그럴 필요도 못 느낍니다. 그러나 믿음이 강한 사람이 많이 기도한다는 것은 주님의 백성의 경험에서 확증된 사실입니다.

이러한 사실은 예수님이 처음에 "하나님을 믿으라"고 말씀하셨을 때 배웠던 교훈으로 다시 돌아가게 합니다. 우리는 살아 계신 하나님께 믿음의 뿌리를 깊게 내려야 합니다. 그러면 그 믿음은 산을 옮기고 마귀를 쫓아낼 만한 믿음으로 자라게 됩니다. "너희에게 믿음이 겨자씨 한 알 만큼만 있어도 … 너희가 못할 것이 없으리라"(마 17:20).

하나님이 우리를 쓰시려고 계획하신 일에 우리 자신을 내어드린 후, 산을 옮기고 마귀를 쫓아야 할 경우가 생기면, 큰 믿음과 많은 기도가 필요하다는 것을 깨닫게 됩니다. 큰 믿음과 열심 있는 기도는 믿음이 자랄 수 있는 토양입니다. 예수 그리스도는 우리의 생명이자 믿음의 생명이기도 합니다. 우리를 강하게 하고 우리에게 믿음을 주는 것은 우리 안에 계시는 그리스도의 생명입니다.

믿음의 영은 자신을 죽이고 기도로 예수님과 친밀하게 연합할 때 능력을 나타냅니다. 믿음이 온전히 자라려면 기도가 필요합니다. 기도가 온전해지려면 또한 금식이 필요합니다. 기도는 한 손으로는 보이지 않는 것을 붙들고 다른 한 손에 쥐고 있는 보이는 것들을 놓아 버리는 것입니다. 음식을 즐기려는 욕구만큼 인간을 강하게 자극하는 것은 없습니다. 인간은 낙원에 있었을 시절, 먹음직해 보이는 과일에 강한 유혹을 느꼈습니다. 예수님은 광야에서 배가 고프실 때 돌로 떡덩이가 되게 하라는 유혹을 받았으나 금식하면서 승리하셨습니다.

구속받은 몸은 성령의 전입니다. 성경은 영뿐 아니라 육체를 위해 먹거나 마실 때도 하나님께 영광을 돌려야 한다고 말합니다. 그러나 하나님의 영광을 위해서 영적인 삶을 사는 그리스도인들은 그리 많지 않습니다. 예수님은 우리가 자기를 부인하는 생활을 할 때만 기도할 수 있는 마음이나 힘이 생겨난다고 말씀하십니다.

우리는 슬프거나 걱정거리가 생기면 음식을 잘 먹지 못합니다. 그러나 기쁠 때는 먹고 마시면서 잔치를 벌입니다. 식욕이 온당한 것이기는 하지만, 어둠의 세력과 영적 싸움을 하는데 방해가 된다면 식욕을 절제해야 한다고 강하게 느낄 수도 있습니다.

사람은 감각 기관을 통해 느끼도록 지어졌습니다. 그래서 우리 마음은 구체적인 형태로 나타나는 것에 영향을 받습니다. 금식은 하나님 나라를 위해서라면 우리의 몸까지도 드릴 준비가 되어 있다는 결심을 나타내며, 그 결심을 굳히고 확신하는 일을 돕습니다. 아들 예수님의 금식과 희생을 값지게 보셨던 하나님은 그리스도와 그 나라를 위해 모든 것을 포기하겠다는 영혼을 받으시고 그 영혼을 힘 있게 하십니다.

여기에는 더 광범위한 적용을 할 수 있습니다. 기도는 하나님과 보이지 않는 것을 좇게 하며, 금식은 보이는 일시적인 것들을 모두 사라지게 합니다. 보통 그리스도인이라면 확실히 금하는 것이 아니거나 죄가 되지 않는 것은 괜찮다고 생각하여 가능한 한 재산, 학식, 즐거움 등 세상 것들을 많이 얻으려고 합니다. 그러나 정말로 경건한 사람은 전쟁에 필요한 것만 지닙니다. 그들은 주님과 그분의 일을 위해 구별된 나실인의 삶을 살려고 애씁니다. 이처럼 자원하여 구별된 마음을 갖지 않으면 합당한 것이라 할지라도 기도로 힘을 얻지 못합니다.

기도를 가르쳐 달라고 했던 제자들은 이제서야 예수님의 가르침을 받습니다. 예수님은 기도를 통해 마귀를 쫓아낼 수 있는 강한 믿음에 이른다고 하시며 "너희에게 믿음이 겨자씨 한 알 만큼만 있어도 … 너희가 못할 것이 없으리라"고 말씀하십니다. 우리는 이와 같은 놀라운 약속에 힘입어 열심히 기도해야 합니다.

이제 예수님이 우리에게 열어 놓으신 새롭고 산 길 위로 예수님을 따르기 위해 모든 것을 포기해야 하지 않겠습니까? 필요하다면 금식도 해야 합니다. 우리 몸이나 세상일들이 하나님과 교제하는 것을 막는다면 우리가 무엇이든 해야 하지 않겠습니까?

주여, 우리에게 기도를 가르치소서

　주님, 주님이 언제까지 제 불신을 꾸짖으셔야 하는지요. 제 모습이 보시기에 참으로 답답할 것입니다. 저는 아버지와 아버지의 약속을 믿는 믿음이 매우 약합니다. 주님, "네 불신 때문이다"라고 말씀하시는 주님의 엄한 꾸짖음이 제 마음속 깊숙이 파고들어 저를 둘러싼 많은 죄와 고통이 다 제 탓임을 깨닫게 하소서. 또 기도와 금식으로 하나님과 꾸준히 교제하게 하시어 믿음을 배우고 얻는 길이 있음을 가르쳐 주소서. 구원자 되신 주님, 주님은 제게 믿음을 주시는 분이며 그 믿음을 온전케 하시는 분입니다. 성령님을 통해 주님을 제 안에 모시는 방법을 가르쳐 주소서.

　주님, 믿음의 은총을 구하는 기도와 수고도 참으로 소용없는 것이었습니다. 저는 이제서야 그 이유를 알았습니다. 그것은 주님이 주시는 힘을 제 안에서 찾았기 때문입니다. 거룩하신 주님, 제 속에 있는 그리스도의 생명의 신비와 성령으로 참믿음의 삶을 살게 하시어, 믿음이 기도의 생명 가운데 한 부분임을 깨닫게 하소서. 그 생명은 주님이 주시는 거룩한 열정으로, 중재

The Secret of Believing *Prayer*

사역을 하기 위해 훈련받기 원하는 이들에게 주시는 생명입니다. 주님, 제가 기도와 금식을 통해 큰 믿음을 가질 수 있도록 도와주세요. 예수님의 이름으로 기도합니다. 아멘.

The Secret of Believing Prayer

3. 기도와 사랑

"서서 기도할 때에 아무에게나 혐의가 있거든 용서하라 그리하여야 하늘에 계신 너희 아버지께서도 너희 허물을 사하여 주시리라 하시니라"(막 11:25).

이 말씀은 "무엇이든지 기도하고 구하는 것은 받은 줄로 믿으라"(막 11:24)는 기도 응답에 관한 약속 바로 다음에 나옵니다. 우리는 그 약속의 구절 앞에 나오는 "하나님을 믿으라"(22절)는 말씀에서, 기도할 때 모든 것은 하나님과의 관계가 얼마나 깨끗한지에 달려 있다는 것을 이미 살펴보았습니다. 이러한 말씀들 다음에 나오는 이 25절 말씀은 사람들 사이의 관계도 깨끗해야 함을 나타냅니다. 하나님을 사랑하는 것과 이웃을 사랑하는 것은 나누어 생각할 수 없습니다. 하나님이나 사람 어느 한쪽에서 보기에 바르지 못한 마음으로 하는 기도는 능력을 발휘하지 못합니다. 믿음과 사랑은 서로 의존하는 관계이기 때문입니다.

주님은 바로 이 점을 자주 강조하셨습니다. 산상수훈(마 5-7장)에서 제6계명을 말씀하실 때 주님은 "그러므로 예물을 제단에 드리려다가 거기서 네 형제에게 원망들을 만한 일이 있는 것이 생각나거든 예물을 제단 앞에 두고 먼저 가서 형제와 화목하고 그 후에 와서 예물을 드리라"(마 5:23-24)고 하시며, 형제들과의 관계가 조금이라도 바르지 못하면 하나님이 받으실 만한 예배를 드릴 수 없다고 제자들에게 가르치셨습니다.

예수님은 제자들에게 기도하라고 가르치신 뒤에 "우리가 우리에게 죄 지은 자를 사하여 준 것같이 우리 죄를 사하여 주시옵고"(6:12)라며 하나님께 드리는 기도를 말씀하셨습니다. 그리고 "너희가 사람의 잘못을 용서하지 아니하면 너희 아버지께서도 너희 잘못을 용서하지 아니하시리라"(15절)는 말씀을 덧붙이셨습니다. 예수님은 무자비한 종을 비유로 들어 말씀하시면서 "너희가 각각 중심으로 형제를 용서하지 아니하면 내 천부께서도 너희에게 이와 같이 하시리라"(18:35)는 말씀을 적용하여 가르치셨습니다.

예수님은 뿌리째 말라 버린 무화과나무 곁에 서서 믿음의 놀라운 능력과 믿음 있는 기도에 대해 말씀하시다가 갑자기 "서서 기도할 때에 아무에게나 혐의가 있거든 용서하라 그리하여야 하늘에 계신 너희 아버지께서도 너희 허물을 사하여 주시리라"(막 11:25)는 아무 관련도 없어 보이는 이야기를 꺼내셨습니다. 주님은 기도하는 사람이라 할지라도 사람을 사랑하라는 법을 어기면 가장 큰 죄를 짓는 것이고, 기도를 힘 없게 만드는 큰 원인이 된다는 것을 말씀하신 것입니다. 사랑과 깊은 긍휼을 가지고 하나님이 사랑하시는 사람들에게 자신을 내어주는 것만큼 우리를 자유롭게 하고 믿음을 강하게 하는 것은 없습니다.

이 마가복음의 말씀에서 가르치시는 첫번째 교훈은 용서하는 마음을 품어야 한다는 것입니다. 우리는 "우리가 죄 지은 자를 사하여 준 것같이 우리 죄를 사하여 주옵시고"라고 기도합니다. 성경에는 "서로 용서하기를 하나님이 그리스도 안에서 너희를 용서하심과 같이 하라"(엡 4:32상)고 기록되어 있습니다. 값없이 온전히 용서하신 하나님의 용서는 우리에게 용서의 표준이 됩니다. 하기 싫어 마지못해 하는 용서는 용서가 아닙니다. 만약 우리가 마지못해 누군가를 용서한다면, 하나님도 그러한 우리 행동에 비추어 우리를 용서하실 것입니다.

모든 기도는 우리를 용서하시는 하나님의 은총을 믿는 믿음에 달려 있습니다. 하나님이 우리 죄대로 우리를 대하신다면 하나님이 들으실 만한 기도는 하나도 없습니다. 용서는 하나님의 크신 사랑과 축복으로 향하는 문을 엽니다. 하나님이 우리 죄를 모두 용서하셨기 때문에 우리의 기도가 능력을 발휘할 수 있는 것입니다. 용서하시는 하나님의 사랑 때문에 우리는 기도 응답을 굳게 믿을 수 있습니다. 용서하시는 하나님의 사랑이 우리 마음에 가득할 때 우리는 사랑하게 됩니다. 우리를 향한 사랑에서 나타나는 하나님의 용서하는 마음을 우리도 닮게 됩니다. 용서하시는 하나님의 사랑의 능력이 우리 안에 머물 때, 하나님이 우리를 용서하시듯 우리도 다른 사람을 용서하게 됩니다.

큰 해를 입거나 부당한 일을 당하면 우리는 무엇보다 하나님의 마음을 품으려고 애써야 합니다. 그리고 손상된 명예를 회복하려 하거나 자기 권리를 주장하려는 욕망과 앙갚음하려는 마음은 멀리해야 합니다. 매일매일 부딪치는 작은 문제에도 다른 사람에게 해를 끼치지 않겠다는 의도, 분을 오래 품지 않겠다는 마음, 연약한 사람에게 많은 것을 기대하면 안 된다는 생각을 가지고 성급히 화를 내거나 상처가 되는 말을 하거나 공격적인 비판을 하지 말아야 합니다. 그 대신 우리는 하나님과 예수님처럼 용서를 선택해야 합니다. 그리스도가 우리를 용서하시듯 우리도 용서해야 합니다.

양심을 씻어내는 피는 이기심도 씻어 줍니다. 그 피가 나타내는 사랑은 용서하는 사랑입니다. 그 사랑이 우리 마음을 가득 채우고 우리를 통해 다른 사람에게 흘러갑니다. 우리가 다른 사람을 용서하는 것은 하나님의 용서하시는 사랑이 우리 안에 있다는 증거이므로 믿음 있는 기도의 조건이 됩니다.

두 번째로 더욱 일반적인 교훈이 있습니다. 이 땅에서 사는 하루하루의 삶 속에는 기도하면서 하나님과 대화하는 것 이외의 시간도 있다는 것입니다. 어떤 그리스도인은 기도할 때 하나님이 기뻐하시는 마음가짐을 만들려고 애를 쓰기도 합니다. 그런 사람은 삶이 엉성한 많은 조각들로 이루어져 있어 이런 때는 이것을 저런 때는 저것을 취할 수 있다고 생각합니다. 그러나 이것은 잘못된 생각입니다.

삶은 전체가 하나입니다. 그리고 하나님은 일상생활을 살아가는 우리의 마음가짐에 비추어 기도 시간의 경건함을 판단하십니다. 우리가 만들어내는 감정이 아니라, 하루를 사는 삶의 모습이 우리가 어떤 사람이며 무엇을 바라는지를 판단하는 기준이 됩니다. 하나님께 가까이 가는 것은 세상 사람들과의 관계도 포함하는 것입니다. 한쪽에서 실패한 것은 다른 쪽에도 실패를 불러옵니다. 이러한 일은 이웃과의 사이에 뚜렷하게 드러나는 양심상의 잘못이 있을 때만 해당하는 것이 아닙니다. 우리가 의식하지 못하고 지나쳐 버린 일상적인 생각과 판단, 사랑 없는 마음이나 말들이 기도를 막을 수도 있습니다.

능력 있는 믿음의 기도는 하나님의 사랑과 뜻에 집중하는 생활에서 시작됩니다. 하나님은 우리가 기도할 때 어떤 모습이 되려고 애쓰는 것이 아닌 일상생활에서 노력하는 모습에 따라 우리의 기도를 들으십니다.

세 번째 가르침이 또 있습니다. 다른 사람과 더불어 사는 삶에서 모든 것을 좌우하는 것은 사랑이라는 것입니다. 용서하는 영은 사랑하는 영입니다. 하나님은 사랑이시기 때문에 용서하십니다. 하나님이 용서하시듯 우리가 용서할 수 있는 때는 우리가 오직 그분의 사랑 안에 거할 때입니다.

이웃을 사랑하는 것은 하나님에 대한 사랑을 나타내는 것입니다(요일 4:20). 또한 하나님 앞에서 우리가 담대함을 얻고 하나님이 우리 기도를 들으실 거라는 확신을 얻는 발판이 됩니다. "자녀들아 우리가 말과 혀로만 사랑하지 말고 행함과 진실함으로 하자 이로써 우리가 진리에 속한 줄을 알고 또 우리 마음을 주 앞에서 굳세게 하리니 이는 우리 마음이 혹 우리를 책망할 일이 있어도 하나님은 우리 마음보다 크시고 모든 것을 아시기 때문이라 사랑하는 자들아 만일 우리 마음이 우리를 책망할 것이 없으면 하나님 앞에서 담대함을 얻고 무엇이든지 구하는 바를 그에게서 받나니"(3:18-22).

사랑이 없으면 믿음도 수고도 아무 유익이 없습니다. 하나님과 연합하게 하는 것이 사랑이며, 참된 믿음이 있음을 나타내는 것도 사랑입니다. 기도 응답에 대한 구절(막 11:24) 앞에 나오는 "하나님을 믿으라"는 조건만큼이나 그 구절 뒤에 나오는 "사람을 사랑하라"는 조건도 꼭 필요한 것입니다. 위에 계신 하나님과 바른 관계를 맺고 우리 주위 사람들과의 관계 또한 바른 것이 효과적인 기도를 위한 조건입니다.

이러한 사랑은 사람들을 위해 수고를 아끼지 않고 기도할 때 특히 중요합니다. 우리 자신의 영적 건강과 그리스도를 위해 일하는 데는 아주 열심을 내면서도, 우리가 구하려는 영혼을 위해서는 자신을 희생하지 못하는 경우가 때때로 있습니다. 우리 믿음이 약하고 승리하지 못하는 것은 이상할 것이 하나도 없습니다. 우리는 목자가 잃어버린 양을 찾을 때의 사랑의 눈빛으로 서로를 가엾게 바라보아야 합니다. 상대방에게서 예수 그리스도를 보고 예수님을 위해 사랑하는 마음으로 그 사람을 받아들여야 합니다. 그러한 태도야말로 믿음 있는 기도를 하고 열매를 맺는 비결입니다.

예수님은 사랑이 용서의 뿌리라고 말씀하셨습니다. 예수님은 산상수훈에서 기도에 관한 가르침과 약속을 말씀하시면서 하늘에 계신 아버지가 긍휼하신 것같이 긍휼하라는 명령과 결부시키십니다(마 5:7-8, 22, 38-48). 여기서 우리는 사랑하는 삶이 믿음 있는 기도의 조건이 된다는 것을 알 수 있습니다.

"믿음 있는 기도나 믿음으로 정직하게 기도하려고 애쓰는 것만큼 자기 자신을 살필 수 있는 길은 없다"는 말이 있습니다. 개인적인 이유로 기도하면 하나님이 응답해 주시지 않을 거라는 생각 때문에 자신을 냉철하게 살피는 일을 피하지 마십시오. 절대로 그렇지 않습니다. "구하여도 받지 못함은 정욕으로 쓰려고 잘못 구하기 때문이라"(약 4:3). 하나님 말씀으로 자신을 살피십시오. 그리고 자신의 기도가 실제로 하나님의 뜻과 하나님의 사람들을 사랑하는 일에 전념하고 있는지 스스로 물으십시오.

사랑은 믿음이 뿌리내리고 자랄 수 있는 유일한 토양입니다. 우리가 믿음의 팔을 뻗어 하늘을 향해 가슴을 열어젖힐 때, 아버지 하나님은 우리가 약하고 쓸모없는 사람들에게도 팔을 뻗었는지를 살피십니다. 올바른 목적을 가지고 성실하게 순종하는 사랑 안에서 믿음은 축복받을 수 있습니다.

하나님의 사랑 가운데 거하며, 하나님이 사랑하시듯 사랑하려고 노력하는 사람은 자신의 기도를 낱낱이 들으시는 하나님의 사랑을 믿게 될 것입니다. 보좌에 앉아 계신 분은 어린 양이십니다. 하나님이 원하시는 것은 참고 견디는 사랑입니다. 긍휼히 여기는 자는 긍휼히 여김을 받고, 온유한 자는 땅을 기업으로 받을 것입니다.

주여, 우리에게 기도를 가르치소서

　고마우신 아버지 하나님, 하나님은 사랑이시므로 사랑 가운데 거하는 자만이 하나님 안에 거하고 하나님과 사귀는 사람이라는 것을 깨달았습니다. 예수님은 이것이 하나님과의 교제와 깊은 관련이 있음을 가르쳐 주셨습니다.

　하나님의 사랑을 부어 주셔서 제 주위 모든 사람에게 사랑을 나누어 주게 하시고, 사랑하는 삶에서 믿음 있는 기도의 능력이 솟아나게 하소서. 어떠한 잘못이라도 용서하는 기쁨 속에서 하나님이 저를 용서하심이 능력이요 생명이 됨을 깨닫도록 도와 주소서.

　주님, 용서하고 사랑할 수 있기를 원합니다. 제가 다른 사람에게 베푸는 용서가 하늘의 큰 기쁨이 되듯, 주님의 피의 권능으로 저의 죄를 용서하소서. 하나님과 교제하는 데 방해가 되는 사귐을 제게 보여 주셔서 언제 어디서나 믿음 있는 기도를 위해 힘을 기르고 결단하며 나아가는 나날이 되게 하소서. 예수님의 이름으로 기도합니다. 아멘.

The Secret of Believing Prayer

4. 합심기도의 힘

"진실로 다시 너희에게 이르노니 너희 중의 두 사람이 땅에서 합심하여 무엇이든지 구하면 하늘에 계신 내 아버지께서 그들을 위하여 이루게 하시리라 두세 사람이 내 이름으로 모인 곳에는 나도 그들 중에 있느니라"(마 18:19-20).

우리 주님이 기도에 관해 주신 첫 번째 교훈은 사람에게 보이지 않게 하라는 것이었습니다. 골방에 들어가 홀로 기도하십시오. 기도란 하나님과 개인적으로 만나는 것임을 가르치신 후에 주님은 두 번째 교훈을 주십니다. 개인적으로 은밀히 기도할 뿐 아니라 여러 사람이 마음을 합하여 함께 기도하라는 것입니다.

주님은 두세 사람이 합심하여 구하는 기도에 대해 놀라운 약속을 해 주십니다. 나무뿌리가 땅 속에 은밀히 감추어져 있고 가지는 해를 향해 뻗어 올라가듯, 성숙한 기도를 하기 위해서는 영혼이 하나님과 은밀히 만나야 하고 예수님의 이름으로 함께 기도할 사람을 많이 사귀어야 합니다.

사람과 사귀는 것은 하나님과 연합하는 것 못지않게 실제적이고 친밀한 것입니다. 하나님은 사람들과 하나로 연합하십니다. 하나님은 은총으로 하나님과의 관계를 새롭게 하실 뿐 아니라 사람과의 관계도 새롭게 하십니다. 우리는 '나의 아버지 하나님'이라고 말하기도 하지만 '우리 아버지 하나님'이라고 말하기도 합니다. 자녀가 부모에게 자신의 소원이나 사랑을 한 번도 표현하지 않는 것만큼 부자연스러운 일은 없을 것입니다.

믿는 사람은 한 가족일 뿐 아니라 한 몸입니다. 그러므로 그리스도인들이 서로 연합하여 하나님이 성령님을 통해 부어 주시는 것을 받으려고 하지 않으면 온전한 축복을 받을 수 없습니다. 하나로 연합한 성도들 사이에서 성령님은 완전한 능력을 나타내실 수 있습니다. 성령님이 영광스런 주님의 보좌에서 내려오신 것은 120명의 제자들이 한곳에 모여 계속해서 한 마음으로 기도하고 있을 때였습니다.

합심기도의 특징에 관해서는 마태복음 18장 19-20절 말씀에 잘 나타나 있습니다. 합심기도의 첫 번째 특징은 합심하여 구하는 것입니다. 다른 사람이 구하는 것에 뜻을 같이할 뿐 아니라 열망도 함께 품어야 합니다. 기도하는 사람들은 모두 영과 진리 안에서 마음을 같이해야 합니다. 그렇게 합심하여 기도하면 구하는 것이 무엇인지 명백해져서 확신을 가지고 하나님 뜻에 따라 구할 수 있으며, 구하는 것을 받았다고 믿을 수 있게 됩니다.

두 번째 특징은 예수님의 이름으로 함께 모인다는 것입니다. 예수님의 이름이 모임의 구심점이 되어야 하며, 믿는 사람들을 하나로 묶는 끈이 되어야 합니다. 가정이 식구들로 이루어져 있고, 그 식구들이 하나로 이어져 있는 것과 같은 이치입니다. "여호와의 이름은 견고한 망대라 의인은 그리로 달려가서 안전함을 얻느니라"(잠 18:10).

여호와의 이름을 믿는 사람들이 그 이름으로 모일 때 예수님은 나타나십니다. 예수님의 제자들이 서로 사랑하고 연합할 때 예수님은 항상 나타나십니다. "두세 사람이 내 이름으로 모인 곳에는 나도 그들 중에 있느니라"(마 18:20). 예수님은 사랑하는 제자들이 기도로 교제할 때 나타나셔서 합심기도에 힘을 더해 주십니다.

합심기도의 세 번째 특징은 "하늘에 계신 내 아버지께서 그들을 위하여 이루게 하시리라"(마 18:19하)는 말씀처럼 확실한 응답이 있다는 것입니다. 종교적인 친분을 유지하거나 개인적인 훈련을 위한 기도 모임이 유익할 수는 있지만, 모여서 기도하라는 구원자의 뜻이 거기에 있는 것은 아닙니다. 주님은 기도 응답을 얻는 특별한 수단으로 합심기도를 주신 것입니다.

기도가 응답되었는지 알 수 없는 기도 모임은 사라져야 합니다. 하나님께 바라는 것을 구할 때 필요한 믿음을 발휘할 힘이 없다면 다른 사람에게 도움을 구해야 합니다. 믿음과 사랑과 성령으로 합심하는 가운데 예수님의 임재가 더 확실히 나타나며, 기도 응답도 더욱 분명하게 나타납니다. 참된 합심기도의 증거는 열매, 곧 구한 대로 되는 응답입니다.

합심기도의 힘은 참으로 큽니다. 믿는 남편과 아내가 예수 그리스도의 이름으로 합심기도하여 예수님의 임재와 그 권능을 경험한다면 (벧전 3장), 친구 두세 명이 마음을 합하여 기도함으로 서로 강력한 도움을 줄 수 있다고 믿는다면, 그리스도의 이름으로 함께 모이는 기도 모임에서 그리스도의 나타나심과 기도 응답에 대한 기대를 최우선으로 삼는다면, 모든 교회에서 합심하여 기도하는 것을 그리스도인들을 하나로 묶어 주는 가장 중요한 것 곧 교회가 가장 큰 능력을 발휘하는 것으로 여긴다면, 전 세계 교회가 성령의 강력한 임재를 사모하며 하나님 나라가 영광스럽게 임하기를 끊임없이 부르짖는다면 어떤 축복이 찾아올지 누가 말할 수 있겠습니까?

사도 바울은 합심기도의 모범이 되는 인물입니다. 바울은 로마 교인들에게 "형제들아 내가 우리 주 예수 그리스도와 성령의 사랑으로 말미암아 너희를 권하노니 너희 기도에 나와 힘을 같이하여 나를 위하여 하나님께 빌어"(롬 15:30)라고 편지를 씁니다. 바울은 적들에게서 놓여나 자기 일에 전념할 수 있기를 원했습니다.

바울은 고린도 교인들에게도 "너희도 우리를 위하여 간구함으로 도우라"(고후 1:11상)고 했습니다. 바울을 죽음에서 건지는 데 중요한 몫을 한 것은 교인들의 기도였습니다. 에베소 교인들에게는 "모든 기도와 간구를 하되 항상 성령 안에서 기도하고 이를 위하여 깨어 구하기를 항상 힘쓰며 여러 성도를 위하여 구하라 또 나를 위하여 구할 것은 내게 말씀을 주사 나로 입을 열어 복음의 비밀을 담대히 알리게 하옵소서 할 것이니"(엡 6:18-19) 하고 청했습니다. 바울이 전도에 힘을 얻고 성공할 수 있었던 것은 교인들의 기도 때문이었습니다.

또 빌립보 교인들에게는 자기가 받는 시련이 "너희의 간구와 예수 그리스도의 성령의 도우심으로"(빌 1:19) 복음을 전하는 과정이며 구원에 이르는 길이라고 전했습니다. 그는 골로사 교인들에게 "또한 우리를 위하여 기도하되 하나님이 전도할 문을 우리에게 열어 주사 그리스도의 비밀을 말하게 하시기를 구하라"(골 4:3)고 일렀습니다.

데살로니가 교인들에게는 "형제들아 너희는 우리를 위하여 기도하기를 주의 말씀이 너희 가운데서와 같이 퍼져 나가 영광스럽게 되고 또한 우리를 부당하고 악한 사람들에게서 건지시옵소서 하라"(살후 3:1-2)고 명했습니다. 바울이 자신을 교회의 한 지체로 여기고 교인들의 사랑과 협력에 의지했음이 분명하게 나타납니다. 그는 교인들의 기도에 의지했습니다. 교회의 기도는 바울이 하나님 나라의 일을 하는 데 중요한 것이었으며 하나님이 주시는 힘이었습니다.

성도들이 밤낮 기도에 힘쓰면서 하나님 나라의 임재와 구원의 역사를 통해 하나님이 홀로 영광받으시기를 구한다면 교회가 얼마나 성장하고 능력을 발휘하겠습니까? 그러나 대부분의 교회가 교인들이 그저 서로 돌보고 세워 주기 위해 모인다고 생각합니다. 그렇게 생각하는 사람들은 하나님이 성도의 기도를 들으시며 세상을 다스리신다는 사실을 모릅니다.

성도의 기도에는 사탄을 무찌르는 힘이 있습니다. 성도의 기도를 통해 이 땅의 교회들은 하늘의 권세를 갖게 됩니다. 하나님 나라에 들어가는 문이신 예수님의 이름으로 모인 모든 모임이 거룩하다는 것을 잊어서는 안 됩니다. 예수님의 이름으로 모인 모임에서 우리는 예수님의 임재를 느끼며, 아버지 하나님이 소원을 이루어 주실 때의 권능을 경험하게 됩니다.

하나님의 백성이 예수님의 이름으로 하나 되어 모이면 성령과 연합하여 한 몸을 이룬 사람들 가운데 예수님의 임재가 충만히 나타납니다. 그럴 때 우리는 하나님 아버지가 우리를 위해 이루시리라는 약속을 담대히 주장할 수 있게 됩니다.

주여, 우리에게 기도를 가르치소서

고마우신 주님, 대제사장이신 주님은 당신의 백성들이 연합하기를 간절히 바라셨습니다. 합심기도에 대한 약속을 통해 우리를 연합하게 하신 뜻을 알게 되었습니다. 우리가 사랑과 소망으로 하나 될 때 우리 믿음은 주님의 임재를 경험하고 하나님께 응답을 얻습니다.

아버지 하나님, 주님의 이름으로 함께 모여 기도하는 작은 모임들이 모두 하나 되기를 간구합니다. 우리가 기도할 때 이기심과 좁은 마음, 반목하게 하는 마음을 모두 없애 주소서. 그런 생각들은 우리가 하나 됨을 막습니다. 그리고 세상과 육신을 좇는 마음을 벗어 버리게 하소서. 그런 것들은 주님의 약속을 무력하게 느껴지도록 합니다. 주님이 계시다는 것과 아버지 하나님의 은총을 생각하면서 우리가 서로 더욱 가까워지게 하소서.

주님, 특별히 주님의 교회가 부흥하는 것, 사탄을 쫓는 것, 영혼을 구원하는 것, 하나님 나라가 속히 오는 것은 마음을 합해 기도하는 것으로써만 가능하다는 것을 믿게 하소서. 또 제가 함께하는 기도 모임의 기도가 주님의 이름과 말씀을 높이는 힘이 되게 하소서. 예수님의 이름으로 기도합니다. 아멘.

The Secret of Believing Prayer

5. 인내하는 기도의 힘

"항상 기도하고 낙심하지 말아야 할 것을 비유로 말씀하여 …
주께서 또 이르시되 불의한 재판장이 말한 것을 들으라
하물며 하나님께서 그 밤낮 부르짖는 택하신 자들의
원한을 풀어 주지 아니하시겠느냐 그들에게 오래 참으시겠느냐
내가 너희에게 이르노니 속히 그 원한을 풀어 주시리라"(눅 18:1-8).

기도할 때 가장 중요한 것이 인내입니다. 사랑이시며 축복하기 원하시는 주님이 응답하시기까지 몇 번이나 때로는 몇 년이나 우리 기도를 들으셔야 한다는 것을 이해하기는 쉽지 않습니다. 이런 것도 믿음 있는 기도를 훈련할 때 겪는 실제적인 어려움입니다. 오래 참고 기도한 후에도 응답이 없으면, 겉으로 보기에는 아주 종교적인 순종의 자세를

취하고 있지만, 사실은 게으른 우리는 하나님이 우리 요구에 응대하시지 않는 데는 어떤 은밀한 까닭이 있으므로 기도하기를 멈춰야 한다고 생각하기 쉽습니다.

그런 생각은 오직 믿음으로만 이길 수 있습니다. 하나님의 뜻과 영광을 구하기 위해 성령님께 순종했다면 응답이 늦어진다고 좌절할 필요가 없습니다. 믿음 있는 기도에는 그 무엇도 대항할 수 없다는 것을 아는 것이 믿음입니다. 참된 믿음을 가진 그리스도인은 결코 좌절하지 않습니다. 참된 믿음이란 믿음이 불가항력적인 힘을 발휘하는 방법을 아는 것입니다. 그것은 작은 물이 모여서 큰물을 이루고 그 물이 아래로 떨어질 때 큰 힘을 발휘하듯 한곳에 모여 불어나야 한다는 것입니다.

때때로 하나님이 보시기에 그만하면 됐다고 할 정도로 기도해야 응답이 오는 경우가 있습니다. 농부가 추수를 위해 천 번 발걸음을 옮겨 천 개의 씨앗을 뿌리듯, 믿음은 바라는 축복을 얻기 위해 인내하며 기도해야 한다는 것을 아는 것입니다. 믿음은 하늘에 닿지 않고 땅에 떨어지는 기도는 없다는 것과, 모든 기도는 하나하나 쌓여 끝까지 참고 견디는 사람에게 적절한 때 응답된다는 것을 분명히 아는 것입니다.

믿음은 사람의 생각이나 가능성에 의존하는 것이 아니라 살아 계신 하나님의 말씀에 의존하는 것입니다. 아브라함이 소망에 대한 믿음으로 바라며 오랜 세월을 보낸 끝에 믿음과 인내로 약속하신 것을 받았듯이, 주님이 오래 참으시는 것은 약속을 이루기 위함이며 주님이 다시 오시는 일을 서두르시는 구원의 행위임을 믿는 것이 믿음입니다.

여기서 우리는 하나님 아버지의 성품과 행위에 대해 주님이 말씀하시는 두 마디를 이해해야 합니다. "그들에게 오래 참으시겠느냐 내가 너희에게 이르노니 속히 그 원한을 풀어 주시리라"(눅 18:7-8). 이 말씀은 기도 응답이 즉시 오지 않더라도 참고 기도하는 가운데 조용히 인내하라는 확신을 갖게 합니다.

주님은 "속히 그 원한을 풀어 주시리라"고 말씀하십니다. 축복은 모두 준비되어 있습니다. 주님은 사람들이 구하는 것을 기꺼이 주려고 하실 뿐 아니라 몹시 주고 싶어하십니다. 끝없는 사랑을 주시는 주님은 사람들에게 그 사랑을 완전히 드러내 보이시고 사람들이 바라는 것을 채워 주시려는 열망으로 불탑니다. 하나님은 서둘러 응답하시려고 온 힘을 기울이십니다.

그러나 이 말이 사실이고 하나님이 전능하신 분이라면 왜 우리는 그토록 오랫동안 기도 응답을 기다려야 할까요? 그리고 왜 택하신 자들이 그처럼 자주 고난과 갈등 속에서 부르짖어야 할까요? "그들에게 오래 참으시겠느냐"고 말씀하셨는데 말입니다. 제 말에 주목하십시오. 농부는 좋은 열매를 거두기 위해 열매가 이른 비와 늦은 비를 맞을 때까지 오래 참으며 기다립니다. 농부는 수확하기를 갈망하지만 햇빛과 비를 충분히 맞아야 한다는 것을 알기에 참고 기다리는 것입니다. 아이들은 설익은 과일을 따려고 하지만 농부는 적당한 때를 기다립니다.

영의 속성도 마찬가지입니다. 사람은 성장 법칙의 지배를 받으며, 그 법칙은 창조된 모든 생명을 다스립니다. 성숙하는 과정을 통해서만 사람은 하나님의 뜻에 이를 수 있습니다. 어떤 영혼이나 교회가 축복받을 만큼 믿음이 성숙했는지를 아시는 분은 아버지 하나님뿐이시며, 때와 시기도 하나님이 정하십니다. 자녀가 빨리 학교를 마치고 돌아와 함께 있기를 몹시 바라지만 공부가 끝날 때까지 기다리는 아버지처럼 우리 하나님도 우리를 기다리십니다. 하나님은 참으시는 분이며 속히 대답하시는 분입니다.

이러한 사실을 깨달으면 신자들은 그에 맞는 성품을 키워 나가게 됩니다. 기다리시면서 서두르신다는 사실을 믿는 것이 인내하는 기도의 비결입니다. 하나님의 약속을 믿음으로써 우리는 하나님께 간구할 것이 있음을 압니다. 믿음이란 보이지 않는 영적 소유물로서 약속을 응답으로 붙드는 것입니다. 믿음은 그러한 응답을 기뻐하며 찬양합니다.

그러나 하나님의 말씀을 붙들고 그 말씀 안에 응답이 있다는 것을 아는 믿음과, 경험을 통해 그 약속을 얻음으로써 더욱 분명하고 성숙해지는 믿음에는 차이가 있습니다. 영혼이 성장하여 주님과 온전히 연합해 주님 안에 있는 복을 경험하려면 확신 가운데 참고 찬양하며 기도해야 합니다. 우리 주변에 있는 것, 우리가 속해 있는 커다란 조직, 하나님이 다스리시는 것들은 우리가 기도로 바로잡아야 합니다. 그래야 온전한 응답을 얻을 수 있습니다.

약속하신 대로 받은 줄 아는 믿음이 있는 사람은 하나님께 자신의 시간을 내어드립니다. 그러한 믿음이 있는 사람은 자신의 기도를 하나님이 들으셨으며 틀림없이 응답하시리라는 것을 압니다. 그것은 조용히 인내하는 가운데 축복을 주실 때까지 기도와 감사를 지속하는 믿음입니다. 현재 보이지 않는 하나님의 응답 안에서는 기뻐하는 믿음과 응답하실 때까지 밤낮 부르짖는 인내, 이 두 가지가 결합하는 것이 아주 모순처럼 보입니다. 그러나 오래 참으시는 하나님의 서두르심은 하나님의 자녀가 인내로 거둔 승리로써 증명되는 것입니다.

더딘 응답에 대한 가장 위험한 생각은 우리가 구하는 것이 하나님의 뜻이 아닐 수도 있다는 유혹에 빠지는 것입니다. 우리가 하나님의 말씀을 따라 성령님의 이끄심을 받아 기도한다면 그런 두려움을 가져서는 안 됩니다. 하나님께 시간을 드리는 것을 배우십시오. 우리는 날마다 하나님과 교제하면서 하나님이 임재하시는 권세를 우리에게 충분히 나타내시도록 해야 합니다. 우리의 온몸과 마음을 믿음으로 채워 주시도록 하나님께 시간을 드리면, 하나님은 우리가 믿는 것을 보게 하실 것입니다. 그때 우리는 하나님의 영광을 보게 됩니다.

기도 응답이 늦어진다고 믿음이 흔들려서는 안 됩니다. '처음에 잎사귀가 나며 그 다음에 이삭이 패고 나서 완전히 여문다'는 말을 믿음에 적용할 수 있습니다. 믿음 있는 기도는 승리로 다가가는 발걸음입니다. 믿음 있는 기도는 열매를 익게 하고 응답에 더 가까이 가게 합니다. 믿음 있는 기도는 하나님만이 아시는 믿음과 기도의 분량을 채우며, 보이지 않는 세계에 놓인 방해물을 쳐부수어 목표를 앞당깁니다.

하나님의 자녀는 하나님 아버지께 시간을 드립니다. 하나님 아버지는 자녀에게 오래 참으십니다. 하나님은 축복을 주려고 기다리십니다. 밤낮 부르짖으면서 하나님께 시간을 드리십시오. "내가 너희에게 이르노니 속히 그 원한을 풀어 주시리라"는 말씀만 기억하십시오.

인내하는 기도에 대한 축복은 이루 말할 수 없습니다. 믿음 있는 기도만큼 자신을 살피게 하는 것도 없습니다. 그러한 기도는 축복을 막는 것이 무엇인지 깨달아 고백하게 하며, 그러한 방해물들을 버리게 만듭니다. 믿음 있는 기도는 하나님과 더욱 가까이 사귀게 합니다. 믿음 있는 기도는 더 큰 순복으로 이끌어 보혈과 성령의 보호 가운데로 나아가게 합니다. 믿음 있는 기도는 그리스도 안에만 거하는 순전한 삶을 살게 합니다.

그리스도인은 하나님께 시간을 드립니다. 하나님은 우리와 관련된 것을 완전하게 하십니다. '오래 참으심과 속히 이루심'은 우리가 기도의 문에 들어갈 때 알아야 할 하나님의 표어입니다.

모든 육체적, 정신적 수고에는 시간과 노력이 듭니다. 자연은 부지런하고 성실한 일꾼에게만 비밀을 알려주고 보화를 내어줍니다. 영적인 농사도 마찬가지입니다. 천국 밭에 씨를 뿌리고 수고하며 세상에 영향을 끼치는 데 우리 전부를 바쳐야 합니다. 기도하는 일에 우리 자신을 드려야 한다는 말입니다. 믿음이 약해지지만 않는다면 알맞은 때에 거두어들일 거라고 굳게 확신하십시오.

그리스도의 교회를 위해 기도할 때 그렇게 확신하며 기도합시다. 교회는 의지할 데 없는 가엾은 과부처럼 겉으로 보기에는 맞설 힘도 없이 적의 세력에 좌지우지되는 것처럼 보입니다. 세상의 지배 아래서 그리스도의 교회를 위해 기도할 때, 확신하는 믿음으로 기도합시다.

기도는 정말 도움이 됩니다. 항상 기도하고 낙망하지 않으면 반드시 응답을 얻습니다. 계속 밤낮으로 부르짖으십시오. 의로우신 재판관이 말씀하시는 것을 들으십시오. "하나님께서 그 밤낮 부르짖는 택하신 자들의 원한을 풀어 주지 아니하시겠느냐 그들에게 오래 참으시겠느냐 내가 너희에게 이르노니 속히 그 원한을 풀어 주시리라."

주여, 우리에게 기도를 가르치소서

사랑의 주님, 제게 주님의 길을 가르쳐 주시고, 주님이 말씀하신 "속히 그 원한을 풀어 주시리라"는 가르침을 깨닫게 하소서. 자녀들의 기도를 들으시고 축복할 때 베푸시는 부드러운 사랑과 기쁨을 맛보게 하시며, 믿는 것을 받는다는 것과 적당한 때에 응답해 주신다는 하나님의 약속을 분명히 받아들이도록 저를 이끄소서.

주님, 자연에는 적당한 때가 있음을 압니다. 제가 바라는 것이 열매를 맺기 위해서는 참고 기다려야 한다는 것도 압니다. 주님은 필요한 것을 조금도 늦추지 않으신다는 것과 우리에게 믿음이 있으면 빨리 응답받는다는 것을 확신하게 하소서.

주님은 사람들이 밤낮 부르짖는 것으로 하나님의 택하신 자들임을 안다고 말씀하셨습니다. 제가 이 사실을 깨닫도록 도와주소서. 주님은 제가 얼마나 빨리 약해지는지를 아십니다. 계속 기도해도 부족하다고 생각되고, 하나님께 닿지 않는 것 같아 끈질기게 기도하는 것을 포기하게 됩니다.

주님, 기도의 수고가 얼마나 중요한지 알게 하소서. 어찌할

The Secret of Believing *Prayer*

수 없는 세상의 커다란 힘과 맞닥뜨릴 때 하나님께 더 많은 시간을 내어드리고 계속해서 더 많이 노력함으로써 이길 수 있음을 압니다. 기도하는 일에 제 자신을 전적으로 맡기며 기도로 사는 방법을 가르쳐 주시면 제가 구하는 것을 얻겠나이다.

저를 온전케 하시는 주님, 제 삶 전체가 저를 사랑하셔서 자신을 내어 주신 하나님의 아들을 믿는 삶이 되게 하소서. 주님 안에서 제 기도는 힘을 얻고, 기도 응답의 확신을 가지며, 기도 응답을 받을 것을 믿습니다. 주님, 이러한 믿음으로 늘 기도하며 연약해지지 않도록 이끌어 주세요. 예수님의 이름으로 기도합니다. 아멘.

The Secret of Believing Prayer

6. 힘 있는 간구

"너희가 내 이름으로 무엇을 구하든지 내가 행하리니 이는 아버지로 하여금
아들로 말미암아 영광을 받으시게 하려 함이라 내 이름으로 무엇이든지 내게 구하면
내가 행하리라 … 내 이름으로 아버지께 무엇을 구하든지 다 받게 하려 함이라 …
내가 진실로 진실로 너희에게 이르노니 너희가 무엇이든지
아버지께 구하는 것을 내 이름으로 주시리라 지금까지는 너희가 내 이름으로
아무것도 구하지 아니하였으나 구하라 그리하면 받으리니 …
그날에 너희가 내 이름으로 구할 것이요"(요 14:13-14; 15:16; 16:23-24, 26).

그때까지 제자들은 그리스도의 이름으로 구하지 않았으며 예수님도 그런 말씀을 하지 않으셨습니다. "내 이름으로 함께 모이라"가 이에 가장 가까운 말씀이었습니다. 예수님은 이 세상을 떠나시면서 제자들과 우리에게 그분의 이름으로 구하는 것만이 가장 풍성한 간구임을

가르치시려고 '무엇이든지', '무엇을 구하든지' 와 같은 제한 없는 약속과 함께 예수님의 이름으로 구하라고 거듭 말씀하십니다. 기도의 능력과 기도 응답을 받는 것은 예수님의 이름을 올바르게 사용하는 데 달려 있습니다.

이름은 그 사람을 대표하는 것입니다. 어떤 이름을 말하거나 들을 때면 그 사람의 모습과 그 사람에 대해 알고 있는 것, 그리고 그 사람이 심어 준 인상이 함께 떠오릅니다. 왕의 이름은 명예와 힘과 그 나라를 나타냅니다. 왕의 이름은 왕이 지닌 힘을 상징하는 것입니다.

하나님을 가리키는 이름들은 보이지 않는 분의 영광을 구체적으로 나타냅니다. 그리스도의 이름은 그리스도가 하신 모든 일과 그리스도가 누구시며 중보자로서 하시는 일을 나타냅니다.

그러면 다른 사람의 이름으로 행동한다는 것은 무엇을 의미합니까? 그것은 그 사람의 힘과 권위를 가지고 그를 대신해서 행하는 것을 뜻합니다. 이렇게 다른 사람의 이름을 사용하려면 두 사람 사이의 믿음이 전제되어야 합니다. 상대방이 자신의 명예와 권리를 보호하리라는 확신이 없다면 그에게 자기 이름을 사용하도록 허락하지 않을 것입니다.

그렇다면 무엇이든지 구하면 얻게 되리라는 예수님의 말씀과 예수님의 이름을 마음대로 사용하게 하신다는 것은 무엇을 뜻하는 것일

까요? 이것은 어느 한 사람에게 자기 이름으로 무엇을 요구할 권리를 주는 일반적인 상황과는 다른 것입니다. 예수님은 모든 제자들에게 무엇이든 바라는 것을 위해 언제든지 그분의 이름을 마음껏 사용하도록 허락하셨습니다. 예수님이 자신의 명예가 더럽혀질까봐 염려하셨다면 우리에게 그 이름을 사용할 권리를 주시지 않았을 것입니다.

다른 사람의 이름을 마음대로 사용하는 것은 언제나 두 사람 사이에 강한 믿음이 있으며, 두 사람이 가까운 관계임을 나타냅니다. 자기 이름을 다른 사람에게 사용하게 한다는 것은 다른 사람이 자기 대신 행동하는 것을 허용하고 자기는 물러서 있는 것을 의미합니다. 또 다른 사람의 이름을 사용하는 이는 자기 이름을 소용없는 것으로 여기고 사용하지 않습니다. 우리가 다른 사람의 이름으로 나아갈 때는 우리를 부정하고 그 사람이 되는 것입니다.

이처럼 다른 사람의 이름을 사용하는 것은 두 사람이 합법적으로 연합했기에 가능한 것입니다. 사업가가 사무실을 비울 때는 경영인에게 모든 권리를 맡기기 때문에 경영인은 사장 이름으로 많은 돈을 끌어다 쓸 수 있습니다. 경영인은 그러한 권리를 자신을 위해 쓰지 않고 회사의 이익을 위해서 씁니다. 사장은 경영인이 회사를 위해 자신의 이름과 재산을 조심스럽게 사용하리라는 것을 알고 있으며 또한 믿습니다.

예수님은 하나님 나라로 가실 때 세상에서 하나님 나라를 이루는 자신의 일을 종들에게 넘겨주셨습니다. 주님은 종들에게 주님의 일을 하는 데 필요한 것은 무엇이든지 그분의 이름으로 구하라고 말씀하셨습니다. 그래서 종들은 오직 하나님 나라를 위하여 자신을 드리는 데에만 예수님의 이름을 사용할 수 있습니다. 예수님의 이름을 사용하는 것은 예수님 앞에 우리 자신의 이익을 순복시키는 것을 전제로 합니다.

그렇게 예수님의 이름을 사용할 수 있는 것도 생명이 연합된 덕분입니다. 생명이 하나가 되면 이름이 같아지는 경우를 세상에서도 보게 됩니다. 자녀는 아버지의 피를 받고 태어났기 때문에 아버지와 같은 성을 씁니다. 훌륭한 조상을 둔 후손들이 그 이름 때문에 사람들에게 존경받는 일이 종종 있습니다. 그러나 그 아버지가 성품이 좋지 않은 사람이라면 그러한 것도 오래가지 못합니다. 이름과 그 이름이 지닌 성격이나 정신은 일치해야 합니다. 그럴 때 자녀는 아버지를 아는 사람들에게서 두 배의 권리를 얻게 됩니다. 이름과 일치하는 성품은 이름을 통해 물려받은 사랑과 존경심을 지키며 자라나게 하기 때문입니다.

이러한 사실은 예수님과 그리스도인들에게도 마찬가지입니다. 우리는 예수님과 한 생명이며 한 영입니다. 그렇기 때문에 우리가 예수님의 이름으로 나아갈 수 있는 것입니다. 하나님을 대하든 사람을 대하든 혹은 사탄을 대적하든 우리가 예수님의 이름을 사용하는 능력은 우리의 영적인 생명이 연합된 정도에 따라 달라집니다. 예수님의 이름을 사용하는 능력은 생명의 연합에 달려 있습니다. 예수님의 이름과 예수님의 영은 같은 것입니다.*

예수님의 이름을 사용하기 위한 연합은 사랑의 연합이기도 합니다. 신부가 신랑과 연합하게 되면 신부는 신랑에게 속한 사람으로 자기 이름을 포기하고 신랑의 이름을 사용할 모든 권리를 얻습니다. 신부가 결혼 전에는 가난했더라도 이제는 신랑의 이름으로 모든 권리를 행사할 수 있습니다. 이것은 신랑이 자기 재산을 돌볼 사람으로 신부를 택했기 때문에 가능한 것입니다. 두 사람은 이제 하나입니다.

하물며 하나님 나라의 신랑이 이보다 덜할 수 있겠습니까? 우리를 자신과 하나 되게 하셨으니 하나님 앞에 나와 모든 것을 구할 권리를 주실 수밖에 없지 않을까요? 예수님의 이름으로 살기 위해 자기 자신을 포기하면, 예수님의 이름으로 구할 때 원하는 것을 얻게 되며 영적으로도 계속 성장하게 됩니다. 다른 사람의 이름을 갖는 것은 자신의 이름과 생활을 포기하는 것입니다. 그렇게 되면 자기 것 대신에 그 이

---

* "내 이름으로 무엇을 구하든지"는 예수님의 마음으로 구하라는 뜻입니다. 하나님의 일은 하나님의 뜻대로 정해집니다. 우리가 기도하는 끝머리에 "예수님의 이름으로 기도합니다"를 덧붙여서가 아니라 예수 그리스도의 성품대로 기도할 때 그리스도의 이름으로 구하는 것이 됩니다. 예수님은 자기 것을 구하지 않으시며 오직 하나님의 뜻만을 구하십니다. 그리고 다른 모든 것들이 잘되기를 구하시는 분입니다. 그러한 간구는 우리 마음속에 계신 예수님의 부르짖음입니다.

– 쥬크(Jukes)의 『새 사람』(The New Man)

름 안에 담겨 있는 모든 것을 얻게 됩니다.

우리는 예수님께 기도할 때도 예수님의 이름으로 기도해야 합니다. 예수님의 이름은 예수님을 나타냅니다. 예수님의 이름으로 구하는 것은 예수님 안에서 예수님을 위해 사는 사람으로서 예수님의 권리와 생명과 사랑 안에서 완전히 연합하여 구하는 것입니다.

우리 마음과 삶 중심에 예수님의 이름이 자리를 잡으면, 그 이름으로 구하는 것을 하나님이 거절하실 수 없으리라는 확신을 얻게 됩니다. 예수님의 이름과 기도의 능력은 함께 나타납니다. 예수님의 이름이 우리 삶을 다스리면 하나님께 기도할 때 큰 능력이 나타날 것입니다.

모든 것은 우리 자신과 예수님의 이름의 관계에 달려 있습니다. 우리 삶 속에서 예수님의 이름이 능력이 있으면 기도하는 데도 능력을 발휘할 것입니다. 이러한 것을 명확히 해주는 성경 구절이 몇 군데 있습니다. "무엇을 하든지 말에나 일에나 다 주 예수의 이름으로 하고"(골 3:17)에서 우리는 이 말이 "무엇이든지 구하라"는 말과 어떻게 대응되는지를 깨닫습니다. 그리스도의 이름으로 무엇이든 하는 것과 그리스도의 이름으로 무엇이든 구하는 것은 서로 뗄 수 없는 관계입니다.

하나님은 예수님의 이름이 우리와 어떤 관계에 있는지를 알기 위해 우리 입술을 보시는 것이 아니라 우리 삶을 보십니다. 성경에서 '주 예수의 이름을 위해 목숨을 바친' 자들이나 '주 예수의 이름을 위해 죽을 준비가 되어 있는' 사람들을 보면, 예수님의 이름과 우리의 관계가 어떠해야 하는지를 알 수 있습니다. 예수님의 이름이 우리에게 가장 중요한 것이 될 때 그 이름은 모든 것을 얻도록 해줍니다. 우리가 가진 모든 것을 그 이름 앞에 내어놓으면 그 이름이 가진 모든 능력을 얻게 됩니다.

우리는 예수님의 이름이 뜻하는 것과 그 이름을 올바르게 사용하는 법을 가르쳐 달라고 성령님께 간구해야 합니다. 모든 이름 위에 뛰어난 이름이 우리 생각과 삶 속에 가장 중요한 위치를 차지하게 되는 것도 성령님을 통해야 가능합니다.

하나님 나라는 열려 있습니다. 영의 세계의 능력과 값진 보화를 주위 사람들을 위해 마음껏 쓰도록 놓여 있습니다. 예수님의 이름으로 기도하는 법을 배우십시오. 예수님은 우리에게 말씀하십니다. "지금까지는 너희가 내 이름으로 아무것도 구하지 아니하였으나 구하라 그리하면 받으리니"(요 16:24).

각자가 받은 권능을 맘껏 사용하십시오. 멸망해 가는 세상을 위해 예수님의 이름으로 하늘의 보화를 사용하십시오. 왕의 종으로서 왕의 이름을 사용하는 법을 배우십시오. "내 이름으로 무엇이든지 내게 구하면 내가 행하리라"(14:14).

주여, 우리에게 기도를 가르치소서

고마우신 주님, 때마다 교훈을 주셔서 올바르게 기도하는 법을 알게 하시니 감사합니다. 날마다 기도해야 한다는 것을 다시금 깨달았습니다. 주님, 어떻게 하는 것이 주님의 이름으로 기도하는 것인지 가르쳐 주소서. 예수님의 이름으로 행동하고 말하도록 저를 인도하소서. 주님의 이름으로 기도하지 않으면 제 기도는 아무것도 아님을 깨닫게 하소서.

주님, 무엇이든지 주님의 이름으로 구하면 주님이 행하고 들어주신다는 귀한 약속을 굳게 붙들도록 인도하소서. 아직 주님과의 연합에 이르지 못했지만 무엇이든 예수님의 이름으로 하라는 말씀이 제 마음을 가득 채울 때까지 주님의 약속을 붙들겠나이다.

주님의 종 안에 있는 주님 이름의 권능을 드러내고 높이기 위해서, 그 이름만 사용하고 주님께 영광 돌리도록 성령님을 보내 주셔서 참 감사합니다. 주님의 성령으로 저를 가득 채워 주소서. 주님의 이름과 주님의 영은 하나입니다. 주님의 성령을 통해 주님의 이름이 제 삶과 기도 속에서 힘을 얻기 원합니다.

The Secret of Believing *Prayer*

그러면 주님의 이름을 위해 제 모든 것을 포기하며, 주님의 이름으로 사람들과 하나님 앞에 나아가고, 주님의 이름이 모든 이름 위에 뛰어난 이름이라는 것을 증명하며 살게 될 것입니다. 주님의 성령을 통해 주 예수님의 이름으로 기도합니다. 아멘.

The Secret of Believing Prayer

7. 성령과 기도

"그날에는 너희가 아무것도 내게 묻지 아니하리라 내가 진실로 진실로
너희에게 이르노니 너희가 무엇이든지 아버지께 구하는 것을 내 이름으로 주시리라
지금까지는 너희가 내 이름으로 아무것도 구하지 아니하였으나 구하라
그리하면 받으리니 너희 기쁨이 충만하리라 … 그날에 너희가 내 이름으로 구할 것이요
내가 너희를 위하여 아버지께 구하겠다 하는 말이 아니니 …
아버지께서 친히 너희를 사랑하심이라"(요 16:23-27).
"성령으로 기도하며 하나님의 사랑 안에서 자신을 지키며"(유 1:20-21).

요한이 자녀들과 아비들과 청년들에게 하는 말(요일 2:12-14)은 그리스도인의 삶에 경험의 3단계가 있음을 나타냅니다. 첫 단계는 새로 태어난 아이의 단계로, 사죄의 확신과 기쁨이 있는 단계입니다. 둘째 단계는 지식과 힘 안에서 갈등하며 성장하고 변화하며 강하게 자라는 청년의 단계로, 하나님의 말씀이 그들 안에서 역사하여 악한 자를 이기게 하는 단계입니다. 그리고 마지막으로 성장을 마친 성숙한 아버지의 단계로, 영원한 분을 아는 사귐에 깊이 들어가는 단계입니다.

기도생활에 대한 그리스도의 가르침에도 이와 비슷한 3단계가 있습니다. 산상수훈에서 우리는 기도의 첫 단계를 봅니다. 거기에서 예수님의 가르침은 '아버지' 라는 말 속에 다 들어 있습니다. 아버지께 기도하십시오. 아버지는 보시고 들으시며 아시고 응답하실 것입니다. 이 땅에 하나님 아버지보다 더 좋은 아버지가 있겠습니까! 그저 아이같이 믿고 의지하십시오.

그 다음 단계는 "하나님께서 그 밤낮 부르짖는 택하신 자들의 원한을 풀어 주지 아니하시겠느냐"(눅 18:7)는 말씀에서 보듯 갈등하고 이기는 변화의 단계입니다.

마지막으로 우리는 예수님이 이 세상을 떠나면서 하신 말씀에서 더 발전된 과정을 봅니다. 아이가 어른이 되었기 때문에 이제부터는 주님의 친구입니다. 주님은 그들에게 숨기는 것 없이 "내가 내 아버지께 들은 것을 다 너희에게 알게 하였음이라"(요 15:15하)고 말씀하십니다. 마지막 단계는 예수님의 이름으로 기도의 능력을 증명하는 단계입니다.

마지막 단계와 준비하는 단계의 대비는 우리가 함께 살펴볼 "지금까지는 너희가 내 이름으로 아무것도 구하지 아니하였으나 구하라 그리하면 받으리니 너희 기쁨이 충만하리라 … 그날에 너희가 내 이름으로 구할 것이요"⁽ᐟ 16:24, 26⁾라는 말씀에 뚜렷하게 나타납니다. 우리는 '그날에' 라는 말의 뜻을 압니다. 그날은 성령을 충만히 부어 주시는 날입니다.

예수님이 십자가에서 이루신 일과, 예수님의 부활과 승천으로 입증된 강력한 능력과 완전한 승리의 결과로 하나님의 영광이 사람 안에 거하려고 내려왔습니다. 영광을 받으신 예수님의 영은 제자들의 생명이 되었습니다. 그러자 예수님의 이름으로 구하면 무엇이든 얻게 되는 기도의 능력이 나타났으며, 그것은 성령님이 우리 안에 들어와 사신다는 확증이 되었습니다.

성령님이 어떻게 오셨는지를 이해하는 것은 새로운 기도의 국면으로 들어가는 시작이 됩니다. 그래서 우리는 성령님이 어떤 분이시고 어떤 일을 하시며 예수님이 영광받으시기까지 나타나지 않으신 뜻을 기억해 두어야 합니다. 영은 하나님의 존재 방식입니다. 하나님이 곧 영이시기 때문입니다. 아들이신 예수님은 하나님 아버지께로부터 영으로 나셨습니다. 하나님 아버지와 아들 예수님은 영으로 사귀십니다. 생명과 사랑의 연합이 지속되는 것도 영을 통해서입니다. 아들이신 예수님에게 끝없이 주시는 것은 하나님 아버지의 특권이며, 언제까지나 구하고 얻는 것은 아들 예수님의 권리이자 축복입니다. 특별히 지금은 중보자이신 아들 예수님이 항상 기도하시는 때입니다.

사람과 하나님을 화해시키는 위대한 일을 시작하신 예수님은 지금 하늘에서 그 일을 하고 계십니다. 그 일을 이루시기 위해 예수님은 하나님의 의와 우리 죄 사이의 갈등을 사람의 몸으로 몸소 받아들이셨습니다. 십자가에서 한 번 죽으심으로 예수님의 몸 안에 있는 다툼을 영원히 끝내셨습니다. 그러고는 계속해서 자기 몸으로 구원을 이루고 자신이 얻은 승리를 분명하게 나타내시려고 하늘로 올라가셨습니다. 예수님은 지금도 여전히 그것을 위해 기도하십니다. 예수님은 끊임없이 중보하시면서 살아 있는 교제를 위해 애쓰십니다. 사실 예수님이 끊임없이 중보하시는 일은 사람들이 기도할 때 나타납니다. 그러한 중보는 사람들이 전에는 얻지 못하던 힘을 얻게 해 줍니다.

그리스도는 성령님을 통해서 이러한 일을 하십니다. 성령님은 예수님이 영광받으시기까지는 오시지 않았으며(요 7:39) 오실 수도 없었습니다. 하나님이 주신 이 선물은 구약시대의 성도들이 알았던 것과 아주 다른 새로운 것이었습니다. 그리스도는 하나님 나라로 올라가시고 그 권능과 영광으로 우리를 구속하셔서 삼위일체이신 하나님과 연합하게 하셨습니다. 이러한 일들은 그리스도가 이루신 일을 증거하기 위해 오신 성령님이 더 이상 구약에 나타난 하나님의 영이 아니라는 놀라운 사실을 나타냅니다.

성령님이 '아직 오시지' 않았다는 말은 사실이었습니다. 그리스도가 영광을 받지 않으셨기 때문입니다. 영원하신 하나님의 아들 예수님은 사람으로 새로운 모습을 입으셨다가 전에 없던 영광을 입고 하나님 나라로 돌아가셨습니다. 그리고 승천하실 때 아들 예수님의 축복받은 영은 우리에게 새생명으로 오셨습니다. 구약에서는 성령님을 하나님의 영으로 인용합니다. 오순절에 성령님은 영광받으신 예수님의 영으로 내려오셔서 그분이 이루신 구속의 풍성한 열매와 권능을 우리에게 알리셨습니다.

구속의 지속적인 효과와 적용은 그리스도의 중보로 유지됩니다. 그리고 우리가 하늘로 올라가는 기도의 물줄기 속으로 끌어올려지는 것은 우리에게 내려오신 성령님을 통해서입니다. 성령님은 잠잠히 우리를 위해 기도하십니다. 우리 마음 깊은 곳에서, 때로는 생각지도 못하는 곳에서 삼위일체 하나님의 놀라운 생명의 흐름 속으로 우리를 끌어들이십니다. 성령님을 통해 그리스도의 기도는 우리 것이 되며, 우리 기도는 그리스도의 것이 됩니다. 우리는 바라는 것을 구하며 그것을 얻습니다. 그리하여 경험을 통해 "지금까지는 너희가 내 이름으로 아무것도 구하지 아니하였으나 … 그날에 너희가 내 이름으로 구할 것이요"라는 말씀을 이해하게 됩니다.

우리가 그리스도의 이름으로 구해야 할 것은 이러한 성령의 세례입니다. 성령은 구약에 나타난 하나님의 영과는 또 다른 의미를 지닙니다. 오순절 전에 제자들이 가졌던 회심의 영과도 다른 것입니다. 이 영은 예수님의 영으로 우리에게 오셔서 자기 안에서 아버지 하나님과 아들 예수님을 드러내십니다(요 14:16-23).

이러한 성령님은 우리가 기도할 때뿐 아니라 우리가 생활하며 행동할 때의 영이 되시고, 우리 안에 예수님이 이루신 일을 보이십니다. 우리가 예수님과 온전히 하나 되고 예수님을 닮아 그분의 영광을 드러낼 때, 우리는 그리스도의 이름으로 기도할 수 있습니다. 실제로 우리가 그리스도와 한 몸이기 때문입니다. 그러면 우리는 예수님이 "내가 너희를 위하여 아버지께 구하겠다 하는 말이 아니니"라고 말씀하셨던 그 아버지께 직접 나아가게 됩니다. 우리는 영광받으신 분의 영으로 채우심을 받는 일이 하나님을 믿는 사람들에게 필요한 것임을 알고 믿어야 합니다. 그러면 "모든 기도와 간구를 하되 항상 성령 안에서 기도하고"(엡 6:18)라는 말씀과 "성령으로 기도하며 하나님의 사랑 안에서 자신을 지키며"(유 1:20-21), "그날에 너희가 내 이름으로 구할 것이요"(요 16:26)라는 말씀이 무슨 뜻인지 이해하게 됩니다.

응답받는 기도는 우리 삶의 모습이 어떠하냐에 달려 있습니다. 그리스도의 이름으로 사는 것이 그리스도의 이름으로 기도하는 비결입니다. 성령 안에 살면 성령으로 기도하게 됩니다. 그리스도 안에 살면 바라는 것을 얻을 권리와 능력을 얻게 됩니다. 얼마만큼 그리스도 안에 사느냐는 기도의 능력을 측정하는 정확한 지표가 됩니다.

기도하는 분은 우리 안에 거하시는 성령님으로, 말씀과 생각으로 기도하실 뿐 아니라 말할 수 없는 탄식으로도 기도하십니다. 그리스도의 영이 얼마나 우리 속에 거하는지가 우리 기도가 얼마나 참된 것인가를 나타냅니다.

그리스도와 그분의 영으로 삶을 가득 채우십시오. 그러면 우리의 간구에 대한 무한하신 약속이 더 이상 막연해 보이지 않을 것입니다. "내가 진실로 진실로 너희에게 이르노니 너희가 무엇이든지 아버지께 구하는 것을 내 이름으로 주시리라 지금까지는 너희가 내 이름으로 아무것도 구하지 아니하였으나 구하라 그리하면 받으리니 너희 기쁨이 충만하리라 … 그날에 너희가 내 이름으로 구할 것이요."

주여, 우리에게 기도를 가르치소서

　　하나님, 경건하고 두려운 마음으로 삼위일체이신 주님 앞에 엎드립니다. 기도 응답의 비결이 거룩하신 삼위일체 하나님의 능력이라는 것을 다시 한번 깨닫습니다. 제 기도를 들으시는 아버지 하나님과 지금도 저를 위해 기도하시는 아들 예수님을 찬양합니다. 또한 우리를 축복된 간구와 응답의 교제 속으로 끊임없이 끌어올리시는 성령님을 찬양합니다. 성령님을 통해 우리를 거룩한 삶으로 이끄시며 우리 기도를 거룩한 삶 속에서 나누는 사랑의 교제로 이끌어 주심에 깊이 감사드립니다.

　　전적으로 헌신하는 정결한 그릇이 되도록 저를 인도하시며 성령님께 순복하게 하소서. 성령님을 살아 계신 분으로, 제 삶과 기도를 이끄시는 분으로 인정하며 따르게 하소서. 특별히 기도하는 가운데 거룩함으로 잠잠히 기다리며, 성령님이 말할 수 없는 탄식으로 기도하실 자리를 내어드리도록 저를 인도하소서.

　　기도가 막히거나 약해지지 않도록 성령님이 인도해 주소서. 주님, "그날에 너희가 내 이름으로 구할 것이요 내가 진실로 너

The Secret of Believing *Prayer*

희에게 이르노니 너희가 무엇이든지 아버지께 구하는 것을 내 이름으로 주시리라"는 약속으로 저를 채우소서. 예수님의 이름으로 기도합니다. 아멘.

The Secret of Believing Prayer

8. 중재자 그리스도

"그러나 내가 너를 위하여 네 믿음이 떨어지지 않기를 기도하였노니
너는 돌이킨 후에 네 형제를 굳게 하라"(눅 22:32).
"그날에 너희가 내 이름으로 구할 것이요 내가 너희를 위하여
아버지께 구하겠다 하는 말이 아니니"(요 16:26).
"그가 항상 살아 계셔서 그들을 위하여 간구하심이라"(히 7:25).

영적으로 성장하기 위해서는 예수님이 자신에게 어떤 분이신지를 정확히 알아야 합니다. 그리스도가 내게 가장 중요한 분이시고 그리스도 안에 있는 것이 나를 위한 것임을 깨닫게 될수록 참된 믿음의 삶을 살게 됩니다. 그리고 자신은 죽고 전적으로 그리스도 안에서만 살게 됩니다. 그리스도인의 삶은 더 이상 바르게 살려는 헛된 투쟁이 아니라

그리스도 안에 살면서 그분의 힘이 자기 삶의 힘임을 발견하는 것입니다. 이것은 기도의 삶에 관해서도 마찬가지입니다.

기도 또한 믿음의 법칙의 지배를 받습니다. 예수님의 공로를 믿고, 우리 기도를 받으실 만한 것으로 만드시는 예수님의 중보를 믿을 뿐 아니라, 예수님이 우리 안에서 기도하시고 우리가 예수님 안에서 기도하는 것을 믿을 때 비로소 올바른 기도를 시작할 수 있습니다.*

그리스도만이 우리의 온전한 구원이십니다. 그리스도는 자신을

---

* 우리 밖에서 우리를 대변하고 중보하시는 분으로서 그리스도를 아는 것과 우리 안에서 대변하고 중보하시는 분으로 아는 것의 차이는 다음을 보십시오.

성령을 부어 주시며 그리스도가 예수님의 이름으로 기도하는 새로운 시대를 지적하셨습니다. 여기서 제자들은 구원의 섭리를 더 명확하게 깨닫기 시작했으며, 예수님이 아버지 하나님과 하나이시듯 자신들도 예수님과 하나가 되었음을 분명히 알게 되었습니다. 그때부터 예수님의 이름으로 기도함으로써 아버지 하나님께 직접 나아가게 된 것입니다. "내가 너희를 위하여 아버지께 구하겠다 하는 말이 아니 … 아버지께서 친히 너희를 사랑하심이라"(요 16:26-27)고 예수님은 말씀하십니다. 예수님은 성령님이 오시는 것에 대해 "내가 아버지께 구하겠으니 그가 또 다른 보혜사를 너희에게 주사"(요 14:16)라고 미리 말씀하셨습니다.

따라서 이러한 기도는 그리스도 안에서 하나님과 연합하기를 진심으로 바라는 기도입니다("내가 그들 안에 있고 아버지께서 내 안에 계시어", 요 17:23). 그래서 우리는 아버지 하나님을 예수님 안에서 우리와 연합하신 분으로 여기고 우리 또한 아버지와 연합한 자로 여깁니다. 예수 그리스도는 마음속에 있는 진리를 통해서 뿐 아니라 각자의 깊은 깨달음을 통해서도 개인적인 화해를 이루십니다. 또 그분 안에서 하나님 아버지의 사랑이 사람과 온전히 연합하고 사람은 하나님과 연합합니다. 이는 우리가 아버지 하나님께 직접 나아가 기도하기 때문이 아니라 예수님이 따로 중보하시기 때문입니다. 그러나 이러한 중보는 이제 더 이상 우리 밖에서 일어나는 일이 아니므로 우리를 위한 중보자 그리스도는 정말로 우리 안에 계시는 그리스도가 되셨습니다.

－튀빙겐(Tubingen)의 베크(Beck)

우리에게 주셨으며 우리 안에서 사십니다. 그리스도가 기도하시기 때문에 우리도 기도하는 것입니다. 제자들은 예수님이 기도하시는 것을 보고 그들도 동참하게 해달라고 구했습니다. 이와 마찬가지로 예수님은 보좌 위에서 우리를 중보하시는 분이므로 자신과 함께 기도하는 삶으로 우리를 이끌어 주십니다.

이러한 사실은 예수님이 이 세상에서 보내신 마지막 날 밤에 분명하게 나타납니다. 요한복음 17장에서 예수님은 자신이 아버지 하나님께 무엇을 기도하는지를 보이셨고, 하늘로 올라가신 뒤에도 기도하셨습니다. 그러나 떠나시면서 예수님은 자신이 아버지 하나님께로 가는 것과 제자들이 새로 누리게 될 기도의 삶을 거듭해서 연결시켜 이야기하십니다. 두 가지는 밀접히 관련되어 있습니다. 예수님이 영원한 중보의 일을 시작하신 것은 그리스도의 이름으로 새로운 기도의 삶을 시작하는 힘이 되었습니다. 예수님의 중보하심을 알게 되면 예수님의 이름으로 기도할 힘이 생깁니다. 기도할 권리와 힘은 모두 그리스도께 있습니다. 우리는 그리스도의 중보하시는 일도 함께합니다.

이러한 사실을 이해하기 위해서는 먼저 "그가 항상 살아 계셔서 그들을 위하여 간구하심이라"(히 7:25하)는 예수님의 중보를 생각해야 합니다. 예수님이 제사장으로서 이 땅에서 이루신 일은 시작일 뿐이었습니다. 최초의 대제사장 아론처럼 예수님은 속죄의 피를 뿌리셨습니다.

이제 예수님은 장막 안에 사시며 멜기세덱처럼 영원하신 생명의 힘으로 자신의 일을 계속 하십니다.

속죄가 참된 능력과 영광을 나타내는 것은 예수님이 중보하시는 데 있습니다. "죽으실 뿐 아니라 다시 살아나신 이는 그리스도 예수시니 그는 하나님 우편에 계신 자요 우리를 위하여 간구하시는 자시니라"(롬 8:34). 이러한 간구는 능력이 있으므로 반드시 필요하며, 이러한 예수님의 간구가 없으면 끊임없는 구속의 적용도 있을 수 없습니다.

예수님의 성육신과 부활은 놀라운 화해를 낳았습니다. 사람이 거룩한 삶과 축복에 동참하게 된 것입니다. 그러나 지체의 머리로 계신 예수님이 하늘에서 놀라운 능력을 끊임없이 행사하지 않으시면 땅에 있는 각각의 지체들은 개인적인 화해를 얻을 수 없습니다. 회개하고 용서하며 죄와 세상을 이기는 데 예수님의 능력이 나타납니다.

이러한 예수님의 능력은 오직 기도를 통해서만 나타납니다. 예수님은 하나님께 구하고 그것에 대해 응답받습니다. "그러므로 자기를 힘입어 하나님께 나아가는 자들을 온전히 구원하실 수 있으니 이는 그가 항상 살아 계셔서 그들을 위하여 간구하심이라"(히 7:25). 예수님이 대신 간구해 주시는 백성들의 소원 가운데 하나님이 거절하실 수 있는 것은 하나도 없습니다. 보좌 위에서 중보하는 것은 십자가 위에서 중보하는 것만큼이나 실제적이고 필요한 것입니다. 예수님이 우리를 위해 대신 간구⁽중보⁾하시지 않으면 아무 일도 일어날 수 없습니다. 예수님은 시간을 들이고 힘을 기울여 간구하십니다. 이처럼 예수님은 하나님 아버지 우편에서 끊임없이 우리를 위해 간구하십니다.

우리는 예수님이 중보하시는 것에 은혜를 입을 뿐 아니라 그 일에 참여합니다. 몸과 각 지체는 하나이므로 "눈이 손더러 내가 너를 쓸 데가 없다 하거나 또한 머리가 발더러 내가 너를 쓸 데가 없다 하지 못하리라"(고전 12:21)는 말씀과 "내게 주신 영광을 내가 그들에게 주었사오니"(요 17:22상) 하는 말씀처럼 우리는 예수님의 성품과 예수님이 가지고 계신 것을 모두 함께 나눕니다. 예수님의 생명과 의와 일을 함께 나누어 갖는 것입니다. 우리는 예수님의 중보하시는 일도 함께합니다. 중보는 예수님이 홀로 하시는 일이 아닙니다.

우리는 그리스도의 생명을 나누어 가진 자들이기에 중보하는 일도 함께하는 것입니다. 그리스도는 우리 생명이십니다. "내가 그리스도와 함께 십자가에 못 박혔나니 그런즉 이제는 내가 사는 것이 아니요 오직 내 안에 그리스도께서 사시는 것이라"(갈 2:20상). 그리스도와 우리 안에 있는 생명은 하나이며 같은 것입니다. 그 생명이 우리 마음속에 들어온다고 해서 그 속성을 잃는 것은 아닙니다. 그 생명은 우리 안에서도 계속 기도하며 끊임없이 구하고 하나님께 응답받으십니다.

하늘 아버지께 올라가는 기도가 하나님의 백성이 드리는 기도와 예수님이 드리는 기도, 이렇게 두 가지라고 생각하지 마십시오. 실질적인 생명의 연합은 기도의 연합을 뜻하기도 합니다. 주님이 드리는 기도가 우리 마음을 타고 흐르며, 우리의 기도가 주님의 마음을 지닙니다. 예수님은 황금 향로를 지닌 천사입니다. "또 다른 천사가 와서 제단 곁에 서서 금 향로를 가지고 많은 향을 받았으니 이는 모든 성도의 기도와 합하여 보좌 앞 금 제단에 드리고자 함이라"(계 8:3)는 말씀이 받으실 만한 기도의 비결입니다. 우리는 우리를 중보하시는 그리스도 안에 거합니다.

영적으로 성장하기 위해서는 모든 보화가 그리스도 안에 감추어져 있다는 사실과, 매순간 은혜를 얻기 위해서는 그리스도 안에 있어야 한다는 사실을 분명히 알아야 합니다. 기도생활도 마찬가지입니다. 예수님의 중보하심을 믿는다는 것은 우리가 기도하지 않거나 기도할 수 없을 때 예수님이 우리를 대신해서 기도하신다는 것을 믿는 것입니다. 또 예수님이 우리 삶과 믿음의 주가 되시며, 우리가 그분과 연합하여 기도하게 하심을 믿는 것입니다. 이러한 의미에서 우리의 기도생활은 믿음의 일이 되어야 합니다. 예수님이 우리 속에 생명을 온전히 주신다는 것을 우리가 깨달을 때, 예수님은 그분의 온전한 기도로 우리 기도에 입김을 불어넣으십니다.

우리가 믿음으로 순종하면 그리스도가 어떻게 온전히 우리의 생명이 되는지를 깨닫게 됩니다. 그럴 때 우리는 영적인 삶의 새로운 국면으로 접어들게 됩니다. 믿음의 삶을 시작하는 때가 바로 이때입니다.

또 그리스도가 모든 기도의 중심이시며, 우리 기도생활의 보증이 심을 깨닫는 일도 복됩니다. 우리는 그리스드가 기도생활의 보증이 되신다는 사실을 성령님을 통해 알게 됩니다. 그리스도는 몸의 머리로서, 자신이 열어 놓은 새로운 삶의 길로 우리를 이끄시는 분이십니다. 또한 우리 믿음의 '주요 온전케 하시는 이'로서 항상 우리를 위해 간구하십니다.

주님은 구속하신 자들의 생명을 위해 자기 생명을 그들 안에 두고 모든 쓸 것을 공급하십니다. 그리고 백성들의 기도생활을 돌보십니다. 하늘에서 기도하는 자신의 삶 속으로 백성들을 이끌어 주시고 기도생활을 유지하게 하십니다. 주님은 "내가 너를 위하여 네 믿음이 떨어지지 않기를 기도하였노니"(눅 22:32) 하고 말씀하십니다. 우리 믿음과 믿음 있는 기도의 뿌리는 주님께 있습니다.

"너희가 [영원한 중보자인] 내 안에 거하고 내 말이 너희 안에 거하면 무엇이든지 원하는 대로 구하라 그리하면 이루리라"(요 15:7). 이러한 놀라운 약속은 하나님 나라를 보이고 죄인들을 구원하는 데 하나님의 영광을 나타내시기 위한 것입니다. 우리가 우리 자신만을 위해 기도하는 한 마지막 날에 하신 주님의 약속은 틀림없이 수수께끼로 남게 될 것입니다. 주님의 약속은 열매를 맺는 포도 넝쿨에 관한 것이었습니다. 그 약속은 하나님 아버지가 예수님을 보내셨듯이 멸망하는 사람들을 위해 세상에 보내신 제자들에게 주신 것이었습니다. 예수님의 일을 위임받은 신실한 제자들은 이 약속을 받고 주님처럼 많은 수확을 얻기 위해 자기 목숨을 버리기까지 했습니다.

우리는 각자 자신이 해야 할 일이 무엇이며, 특별히 어떤 영혼을 위해 기도해야 하는지를 알아야 합니다. 사람들을 위한 중보기도가 하나님과의 사귐이 되도록 합시다. 그러면 약속하신 기도의 능력이 실제로 우리에게 나타나는 것을 느끼게 됩니다. 그리고 우리가 그리스도 안에 살고 그리스도가 우리 안에 사시는 것이 어떻게 그리스도의 기쁨을 나누는 것인지를 깨닫게 될 것입니다.

우리는 모든 사람들에게 빚진 자들일 뿐 아니라 예수님의 놀라운 중보하심에 동참해야 하는 동역자들입니다. 이제 우리는 예수님의 이름으로 기도하는 것이 무엇이고, 예수님과 온전히 연합하여 예수님의 이름과 영으로 기도하는 것이 왜 능력이 있는지를 깨달았습니다. 우리는 언제쯤 그리스도의 중보하시는 일에 온전히 참여하여 그 안에서 늘 기도하는 삶을 살게 될까요?

주여, 우리에게 기도를 가르치소서

　주님, 사모하는 마음으로 또 다시 주님 앞에 엎드립니다. 주님의 온전하신 구속 사역이 이제는 기도로 변하였습니다. 주님이 피로 값 주고 사신 것을 지키기 위해 기도하심을 압니다. 주님은 영원히 기도하십니다. 주님 안에 거하기 때문에 우리는 하나님 아버지께 직접 나아갈 수 있고, 우리의 삶이 끊임없이 기도하는 삶이 될 수 있으며, 또 우리의 기도가 응답되리라는 것을 확신합니다.

　고마우신 주님, 주님은 동역하기 위해 주님의 택성을 부르셨습니다. 그리고 주님의 백성과 한 몸이 되셔서 그들이 중보의 사역을 나누게 하셨습니다. 이 중보의 사역을 통해서만 세상은 주님이 구속하시는 열매와 하나님 아버지의 영광으로 가득 찰 수 있습니다. 사랑의 주님, 제가 이전보다 더 큰 자유함으로 기도하게 도와 주소서. 주님의 삶은 기도하는 삶이며 곧 저의 삶입니다. 주님 안에서 주님처럼 기도하도록 저를 인도하소서.

　제자들에게 약속하신 것처럼, 주님이 아버지 하나님 안에 있고 제가 주님 안에 있으며 주님 또한 제 안에 계심을 알게 하소서. 성령님과 연합하는 기도로 제 모든 삶이 주님과 주님의 중보하시는 기도 가운데 머물게 하소서. 주님, 무슨 일에든지 주님의 마음을 품게 하시고, 제 삶이 주님 안에 거하는 삶이 되게 하소서. 그리하여 저를 통해 주님의 중보하심이 세상에 퍼져나가게 하소서. 예수님의 이름으로 기도합니다. 아멘.